国家出版基金项目
NATIONAL PUBLICATION FOUNDATION

20世纪人文地理纪实 第一辑
主编：杨镰

居延海

董正均／著 杨镰 张颐青／整理

Juyanhai

中国青年出版社

(京) 新登字083号

图书在版编目（CIP）数据

居延海/董正钧著;杨镰,张颐青整理. —北京:中国青年出版社,2012.12

(20世纪人文地理纪实)

ISBN 978-7-5153-1179-1

Ⅰ.①居…　Ⅱ.①董…②杨…③张…　Ⅲ.①额济纳旗-概况　Ⅳ.①K922.64

中国版本图书馆CIP数据核字（2012）第254376号

*

中国青年出版社 出版 发行

社址：北京东四12条21号　邮政编码：100708

网址：www. cyp. com. cn

编辑部电话:(010)57350511　门市部电话:(010)57350370

三河市世纪兴源印刷有限公司印刷　新华书店经销

*

675×975　1/16　10印张　2插页　115千字

2012年12月北京第1版　2012年12月河北第1次印刷

印数:1–5000册　定价:20.00 元

《20世纪人文地理纪实》

总　　序

20世纪，是人类社会进展最快的世纪。20世纪的通行话语是“变革”。

就中国而言，自进入20世纪，1911年“辛亥革命”为延续数千年的中国封建王朝的谱系画上了句号，1919年“五四”运动，新文化普及，1921年中国共产党成立，为现代中国奠定了基础。20世纪前50年间，袁世凯“称帝”、溥仪重返紫禁城，北伐、长征、抗日战争……直至1949年中华人民共和国成立，新中国受到举世关注。此后，特别是从“文化大革命”到改革开放，这些历史事件亲历者的感受，深刻影响了一代又一代人。

20世纪是中国进入现代时期的关键的、不容忽视的转型期，以20世纪前半期为例，1900年，“八国联军”践踏中华文明，举国在抗议中反思；1901年，原来拒绝改良的清廷宣布执行新政；1906年，预备立宪……以世界背景而言，“十月革命”，两次“世界大战”，成立联合国……1911年到1949年，仅仅历时30多年，中国结束了封建社会，经历了半封建半殖民地到社会主义的巨大跨越。反思20世纪，政治取向曾被视为文明演进的门槛，“不是革命就是反革命”，不是红，就是黑，一度成为舆论导向，影响了大众思维。

无可否认，在现代社会，伴随社会的进步、发展，中华民族的民主、科学精神逐步深入人心的过程，是中国历史最具影响力的事件，是可持续发展的推动力、中国现代时期的鲜明特点。

《20世纪人文地理纪实》则为这一影响深远的历史过程，提供了真实生动的佐证。

20世纪的丰富出版物中，一定程度上因为政治意图与具体事件脱节，人文地理著作长期以来未能受到充分关注，然而文学、历史、政治、文化、语言、民族、宗教、地理学、边疆学、地缘政治……等学科，普遍受到了人文地理读物的影响，它们是解读20世纪民主、科学思维成为社会主流意识的通用“教材”。

人文地理纪实无异于在社会急剧变革过程进行的“国情调研”，进入20世纪的里程碑。没有这部分内容，20世纪前期——现代时期，会因缺失了细节，受到误解，直接导致对今天所取得的成就认识不足。

就学科进展而言，现代文学研究是最早进入社会科学研究前沿位置的学科之一，《20世纪人文地理纪实》则为现代文学家铺设了通向文学殿堂的台阶：论证了他们的代表性，以及他们引领时代风气的意义。

与中华文明史、中国文学史的漫长历程相比，从“辛亥革命”到中华人民共和国建立，30多年短如一瞬间，终结封建王朝世系，弘扬社会主义精神文明，是现代时期定位的标志。

“人文地理”，是以人的活动为关注对象。风光物态、环境变迁、文物古迹、地缘政治……作为文明进步的背景，构建了“人文地理”的学术负载与阅读空间。

关于这个新课题，第一步是搜集并选择作品，经过校订整理重新出版。民国年间，中国的出版业从传统的木刻、手抄，进入石印、铅印出版流程，出版物远比目前认为的（已知的）宽泛，《20世纪人文地理纪实》的编辑出版，为现代时期的社会发展提供了参照，树立了传之久远的丰碑。否则，经过时间的淘汰，难免流散失传，甚至面目全非。

《20世纪人文地理纪实》与旅游文学、乡土志书、散文笔记、家谱实录等读物的区别在于：

人文地理纪实穿越了历史发展脉络，记录出人的思维活动，人的得失成败。比如边疆，从东北到西北，没有在人文地理纪实之中读不到的盲区。21世纪，开发西部是中国现代化可持续发展的重要内容。开发西部并非始于今天，进入了现代时期便成为学术精英肩负的使命：从文化相对发达的中原前往相对落后的中西部，使中西部与政治文化中心共同享有中华民族的丰厚遗产，共同面对美好前景。通过《20世纪人文地理纪实》，我们与开拓者一路同行，走进中西部，分享他们的喜怒哀乐、分担他们的艰难困苦。感受文明、传承文明。源远流长的华夏文明与中华民族的文化，不会因岁月流逝、天灾人祸，而零落泯灭。

《20世纪人文地理纪实》是20世纪结束后，重返这一历史时期的高速路、立交桥。

《居延海》与董正钧

杨　镰　张颐青

居延，是内蒙古自治区最西部的额济纳旗的古地名。从秦汉时期起，居延成为丝绸之路关键地段独当一面的要塞。汉代典故苏武牧羊，具体地点已难指认，然而居延因之成为西北边塞的地理标志。中国学者董正钧所著《居延海》（额济纳旗）则是居延区域人文地理研究的承前启后之作。

“居延”，据说出自匈奴语，含义是“幽隐之地”。汉武帝太初三年（前102）设置了“居延都尉”。古代边塞诗有不少名篇杰作涉及居延。唐代，居延成为边塞战和的重要区域的代名词，陈子昂《居延古城赠乔十二知之》、王维《出塞行》的名句“居延城外猎天骄，白草连天野火烧”，传诵千古。王维《使至塞上》，被视为边塞诗的代表作：“单车欲问边，属国过居延。征蓬出汉塞，归雁入胡天。大漠孤烟直，长河落日圆。萧关逢候骑，都护在燕然。”

居延的重要，在于位置不可替代。居延依托于居延海存在，作为西北边塞大泽，居延海是河西走廊的大河黑水的终端湖。“黑水”，古称“弱水”（水弱不能胜舟）。黑水，西夏时期叫做“亦集乃”，是党项语音译。而“额济纳”则是“亦集乃”在蒙古语中的转译。发源于祁连山的黑水—额济纳河，养育了居延海—额济纳旗绿洲，在中华文明史上出现了牵系东西，贯通南北的结系点。

居延海从边塞重镇，转换为西北绿洲、西蒙古旧土尔扈特部落世袭游牧地，是清前期的大事。

提起西蒙古土尔扈特部落，世人都知道乾隆年间从俄国回归大清的壮举，在西蒙古土尔扈特部落举族返回东方之前三四代人，在伏尔加河流域的土尔扈特部落汗王阿玉奇的侄子阿喇布珠尔赴西藏朝拜达赖，归路却为准噶尔部阻挡，阿喇布珠尔率众内服，康熙封为“固山贝子”，部落则游牧于河西敦煌等地。雍正九年（1732），将空旷的额济纳河流域赐给阿喇布珠尔之子丹忠，作为游牧之地。乾隆十八年（1753），在渥巴锡率部回归之前十几年，清廷正式设立了额济纳土尔扈特特别旗，直隶理藩院。额济纳河终端湖——居延海与沿岸荒漠草原成为旧土尔扈特领地。

进入20世纪，居延海一再发现古代遗址，引起举世关注。

1906年，俄国探险家科兹洛夫在居延边塞发现了规模宏大的古城——黑城（“喀喇浩特”），黑城出土文物与其他遗址不同，所出主要是西夏、元等王朝的珍贵民族语文文献，一经报道立即引起世界考古界、文物界的轰动。此后，中国西北科学考查团的瑞典考古学家贝格曼在居延古边塞发现了多达一万枚的汉代简牍。“居延汉简”与敦煌藏经洞，曾被并称为中国20世纪两大考古成就，形成了“居延汉简学”。从1927年9月20日开始，居延—额济纳接待了中瑞中国西北科学考查团，西北科学考查团在额济纳河的原生胡杨林地设立了大本营。多得不胜枚举的探索发现，使居延海成为中外媒体竞相报道的领域。

此前中断若干世纪的文明路径，使古老的边塞与新的游牧地，接续起中国西北历史与现实的间隔。

在居延海—额济纳旗，除黑城文书、居延汉简，仅贝格曼就发现了成吨的文物，其中除居延汉简，还有书写简牍用过的毛笔实物，被称为“华夏第一笔”。

当时，额济纳旗—居延边塞是进出西部的大门，中国西北科学考查团不但在当地设立了大本营、汽车维修车间、国际邮件接收站，还建立了中国西北第一个气象站。气象站是为开通欧亚航空线而设置。

20世纪前期，涉及额济纳旗—居延边塞的人文地理纪实，有斯文·赫定《丝绸之路》、徐炳昶《徐旭生西游日记》、贝格曼《考古探险笔记》等等。这些著作影响广被，知名度颇高。是与中国西北科学考查团探险考察伴随的成果。

中国西北科学考查团离去后，《大公报》记者范长江来到居延海。作为受读者器重的记者，范长江以《忆西蒙》等书，使额济纳旗—居延边塞备受关注。

三四十年代之交，额济纳土尔扈特旗梅林（王府官员）苏剑啸等民主人士，坚决抵制了日本帝国主义敌特的活动。

“辛亥革命”之后，开发西部、富民强国受到空前重视。在多民族聚居的西部普及现代文明，是“辛亥革命”的直接成果。由谢彬《新疆游记》、林竞《亲历西北》（即《西北丛编》）、黄奋生《百灵庙巡礼》、马鹤天《内外蒙古考察日记》……如同“接力”，开拓了国人面向西北的新视野。开发西部，成为社会精英共识。

1944年，27岁的董正钧参加了民国政府农业经济部门的“川康宁农业调查团”，在工作期间受委派来到居延海（额济纳旗），接续起对居延海的考察，为当地生活现状做出现场评估。1944年初，董正钧所在的农业调查团原拟由宁夏穿越阿拉善旗，西赴居延海，因经费及设备有限，改道经兰州、酒泉，沿弱水北下居延，克服了生活上工作上的艰苦条件，往返留居，历时八个月之久。董正钧先生深入居延海的实际，作为居延的一个居住者，通过《居延海》（额济纳旗），真实地反映了所见所闻所感。

《居延海》（额济纳旗）于1945年完成初稿，几经修订，1952年3月由中华书局出版。通过这本人文地理纪实，抗战胜利前后的居延海—额济纳旗以至西北边疆的文明走向，展示在读者面前。

《居延海》（额济纳旗）一书是这次农业调查的成果，而额济纳自古就是游牧与农耕并重的区域，从清代以来，安置游牧的土尔扈特部落、因为农耕移民在黑水流域增设毛目县，使居延海区域的面貌有极大改变。调查地点的确定，使董正钧从中华文明史的宏观视野，进入了“川康宁农业调查团”成员的具体位置。

通过《居延海》（额济纳旗）一书，作者披露出对毁坏原生态森林植被的担忧。额济纳尽管处在荒漠纵深之处，保护环境，仍然是千年历史的重托。

作者到来前后，居延海生态面临失衡。在斯文·赫定的著作中，居延海—额济纳旗的原始胡杨林地，是塔里木的再现。在当地，胡杨称作“陶来”，与红柳（柽柳，蒙古语“苏海”）、梭梭（蒙古语“札干”）、沙枣（蒙古语“吉格德”），共同为荒漠撑起一具巨大的绿伞。但是在额济纳，胡杨林遍地都是，毁林也相当常见。董正钧指出：胡杨含碱分颇多，近年汉人来额济纳旗，常常烧胡杨树取碱，驻军消耗碱的数量特大，一时烧碱之风颇盛。直径尺半，高达丈余的胡杨，原树烧尽，大约可得一斤碱。在建国营附近被烧毁的胡杨甚多，枯树林立，如同自然界提供的“诉状”。

考察过程，董正钧面告当局：

沙漠之中，植树匪宜，一树长成费二三十年，长成绿林，点缀沙漠，并固定流沙，厥功殊伟，正宜设法保护，扩充栽植，以渐改沙漠为森林，变不毛为绿洲，乃建国生产之万年基业。不宜为一斤之碱而损此大树也。如听之烧损，将来居民增多，此风一盛，为贪蝇头之利，而不顾永久之策，取柴烧碱，任意摧残，不加禁止，恐数十年后仅有之森林，将无遗类，浩浩沙漠将不复有高大之乔木，欲再育培而复之，戛戛乎难矣。

这是以维护绿色林地为基础的《环保告白》，发表在近70年前。保护生态（特别是在额济纳旗这样远离都市的为荒漠环绕的绿洲），以维护环境为己任，知识分子忧国忧民之心跃然纸上。与人为毁坏植被针锋相对的，是防沙造林。

董正钧强调：近来只要谈到建设西北，无不首重造林。西北沙漠逐渐南移，沙漠内缘良田民居被流沙掩埋，屡见不鲜，照近百年内侵速度，数千年后秦岭以北将尽成沙漠。

在书中，照实际情况记述了额济纳河流域造防沙林过程：

金塔、鼎新（毛目）农民所造之防沙林，最优者共分三重：外侧为枝条丛生之灌木，多属毛柳、红柳等，中间为树冠密茂之乔木，如杨柳、榆等，内侧密排主干高直之白杨，高达三四丈，三重宽度合计约一丈。三层树冠相接，由地面直达白杨树梢，如一带绿墙，飞沙非阻降林中，即越树远去，难落田中，功效颇大。

研究造林吞沙、绿化戈壁沙漠之法，实为建设西北之基本工作。如能成功，则西北之沙漠戈壁将尽变成沃壤，为富饶之经济资源，并可改善气候，点缀风景，中亚、北非之人将同受其惠，岂仅造福我国人民而已哉。

与之相应，《居延海》还具体写出：温室种菜、农田轮种、土壤退化后及时栽培牧草等等保护环境的建议。读到这里，很难相信作者是初来乍到的外乡人。

同时，在《居延海》相应章节，对红柳作了人性化的描写，作为额济纳旗的象征："红柳在额济纳旗者，皆为天然生长，不加人工，但系灌木，高达丈余，矮者亦在六尺左右，密生处，人不可入，一望无际，方圆数十百里，堪称奇观。尤以夏秋之交，红花招展与沙漠之中，骆驼出没于柳枝之下，牧者歌唱于密林深处，塞外秋色，雄伟壮阔，兼具秀丽，观之不由心旷而神怡也。"

红柳是土尔扈特人的象征。红柳生长在自然环境中高达数丈而极干旱的沙丘。蒙古族牧民不畏严寒艰苦，生活单调，心地善良质朴，豪爽宽厚待人。百年来，居住地未受战争影响，所以仍保持其沉静、真诚的原始游牧生活方式。

蒙古族牧民，是居延海—额济纳旗的主要居民，也是作者朝夕相处的邻居。从个人经历来说，年仅27岁的作者是第一次来西北，对蒙古族生活习性、民俗生态的描述，出自内心真实感受。

……地广人稀的额济纳旗，谋生活不难，而民无冻馁之虞，本旗全境无一乞丐，人民极痛恨鄙视偷盗行为，所以绝少盗窃事件。"可谓夜不闭户，道不拾遗。不知者每觉荒野千里，必多匪徒，而不敢前往，既入其境，如进世外桃源，秩序井然，反觉向之过虑为多事焉。

通过直接接触，作者对当地待客之道感触极深："蒙人和平敦厚，重礼而忠诚，已尽失元时横征欧亚之遗风，其和善之情形，几非外人可想及。""……客人入蒙古包，不问是否相识或有无关系，主人均招待饮食，过路旅客借地休息者亦同客人，入包叙礼毕，主人即另煮新鲜奶茶……取出奶油、糌粑、奶查、奶皮子、油炸面饼等放于桌上，请客自行取食……吃过之后，即擦嘴而出……主人既不取费，而客人亦不言谢。蒙人常谓：'谁能负锅行路？代客饮食，自属应尽义务，何得需索。'故无'谢谢'之虚伪名词。"

涉及额济纳旗居民整体的生存环境与生活质量时，作者董正钧写出对蒙古族牧民缺医少药、人口减少的忧虑。

蒙人不知医药卫生，有病唯知念经祈祷……输入大量药品器材，设立医院，并派往医生诊治疾病等。推行之先，除多方宣传外，必供以廉价之用器药品或赠送之，更教以用法以示范。

蒙古族居民缺乏性知识，花柳病等性病蔓延甚盛，人口日减，"此实为最大之危机，如不急谋救济，其人口必自行消灭。救济之道，厥唯宣传婚姻法，建立一夫一妻制度，施行性教育，使度正常之性生活，并宣传性病与民族之关系，俾蒙人深知其利害，复运入大量性病药剂，普遍严格注射与检查，举行大规模之扑灭性病运动，如此多方并进，性病自减，此为改进蒙人生活增加人口最重要之工作。"

有关情况，作者据实写出，作为改进的依据。

在20世纪40年代的边远牧区，《居延海》以实录调研情况的方式，写出了“人口日减”的原因与改善生活条件的设想。时至今日，边远牧区仍然存在相近的难题，提高居民生活质量，离不开改善医疗条件与普及教育设施。

与改善医疗条件一样，在额济纳旗增强教育设施，是一大难题。

当地办学极其困难，因交通不便，生活艰苦，有学校也极难聘请到教职员。另外，当时蒙古族不注重读书识字，唯一崇拜喇嘛，在校学生是由旗政府按户抽派而来，被称作“学差”，等于一种负担①。“蒙人曾谓：学差之期不宜过长，恐儿童难受其苦，求以一月为期，轮流更换新生，以免少数人出长期学差之亏……”

而在额济纳旗，在校学生全部公费。当时，民国政府教育部明确规定，内蒙古的学校有国家提供的相应资助：

> 每月每人津贴膳费二百元，文具费十元，新生入学时，每人发制服一身，其他如书籍纸张等用品，皆由学校供给。另设有学生数百分之三十“清寒奖学金”，每名月奖百元。

后经与蒙古族头人协商，“允供全膳开学”，并有蒙古包充学生宿舍。开学后，最困难的是学生经常请长假（长者在三月以上），事由“多为赴庙磕头，家中念经等”，如果不准，“（家人）则坐卧校外，风餐露宿，数日不去。”

……

① “学差”，等于以子女上学，完成差遣徭役。

居延海-额济纳旗，偏居西北，环千里戈壁，沙漠阻隔，交通艰险。1927年9月，中国西北科学考查团受到土尔扈特王爷接待，曾在当地做进入新疆的准备，至1927年11月，考查团陆续起程前往新疆哈密。1944—1945年，董正钧来居延，中国西北科学考查团的成果还没有披露。在8个月之间，董正钧完成了任务，写出《居延海》（额济纳旗）一书。书中对额济纳旗的地理位置、自然环境、交通、人口、政治、宗教、经济及社会生活，做了实地考察与记述，体现出一位社会科学家严谨、专业，一丝不苟的态度。书中通过实例表达了对蒙古民族居民的赞赏、同情和担忧，希望通过加强文化教育、普及民主精神，提高生活质量。书中最后一章“建设额济纳旗建议”，作者以严谨、超前的视野和博大胸怀，对居延海—额济纳旗自然环境的保护、生活走向的认定，提供了经得起时间考验的设想。

“建设额济纳旗建议”第三节“研究造林吞沙绿化戈壁沙漠”之中，作者结合20世纪前期在新疆“沙漠之中”发现“废城”这一“常见不鲜”的情况，就额济纳与阿拉善一带“不正当之农垦，变天然优良牧场森林为耕地，终至田瘠人散”的现实，指出这类反常“开发”，开荒再撂荒，“似亦为沙漠南移之一因”的见解，等于为民国政府农业经济部门的“川康宁农业调查团”之行，写出读者能获益匪浅的“总结”。而这一切，是来到居延海，生活在蒙古族、汉族民众之中，胸中激荡着数千年历史的回声，直接面对居延古边塞与土尔扈特牧民受到的教育与启发。

《居延海》（额济纳旗）正文之后，董正钧附录了一组诗篇。其中包括他的一首《中秋夜行戈壁滩》。在诗序他表述了此行的艰难与作为年轻学子，为边疆考察作出贡献的决心：

一九四五年，余赴西北考察，途次居延海上。适届中秋，塞外风霜，千里草合，皓月之下，跨驼长征，或穿森林草原，或越戈壁沙漠，黑水淼淼，鹅雁翩翩。触景生情，倍增游子家国之感，瞭望塞北，平广无垠，极尽雄伟壮阔之势，有吞沙漠、平山丘，催骆北上之志，一时感慨万端，乃仰天高歌，成《中秋夜行戈壁滩》一首，聊泄胸中之积郁尔。

这首七言古诗，以“愿留姓字黑水头，验取他年雪泥之鸿爪”作结，《居延海》（额济纳旗）是董正钧留在开发西部历史过程的印记。

作为生长在江南水乡的青年学子，来到荒漠之中的古绿洲居延海，数千年历史的负重，使他自觉承担起感受文明、传承文明的责任。

董正钧（1917—1980），安徽萧县杨楼镇董楼村人。民国三十年（1941）毕业于西北农学院，一生主要在西北各省从事农业经济学和经济植物的考察研究工作。《居延海》（额济纳旗）一书，填补了当地自中国西北科学考查团离去之后的学术空白。额济纳旗的新方志《额济纳旗志》一再引证了《居延海》的内容，而且说：除1937年范长江《忆西蒙》，1944年董正钧实地考察，并且写出《居延海》，“记述了额济纳旗政治、军事、经济、文化和教育等各项事业的一些史实”，关于当地“别无方志专著”①。

从考察居延海走进学术领域，董正钧还是中国罗布麻研究的奠基者、创始人。1952年，将新疆罗布泊地区的一种野生经济植物，定名“罗布麻”。1957年，到中国科学院的科研单位任副研究员，专门从事罗布麻研究，主持编辑出版了《罗布麻的综合利用》等专著，发表

①《额济纳旗志》，方志出版社1998年8月出版，第837页。

论文数十篇。

“文化大革命”，董正钧以“莫须有”罪名遣送回家，过着半监管的生活。但他不改初衷，继续自费进行罗布麻解烟毒的动物试验，并取得了重要成果。

粉碎“四人帮”，董正钧到安徽大学任教，并担任了安徽省植物学会副会长。直至临终前，他还在撰写《向南京植物综合利用研究所提供罗布麻的研究建议》。1980年1月，因患脑溢血，在合肥逝世。

居延海—额济纳旗位于21世纪西行通道的“十字路口”，中国西北是为中国走向世界前列提供基础能源——煤、铁等矿产的基地，同时也是第二条连接政治中心北京与大西北的高速公路与磁悬浮铁路必经之地。作为衔接历史、认识现实、展望未来的参照，董正钧《居延海》（额济纳旗）是不能略去不读的区域人文地理纪实。

本次整理《居延海》所用底本，是1952年3月中华书局初版的版本。

瓦窑陶来林下沙岭及草原

刀劳卧铺沙漠中之蒙古包

大红山口一带戈壁

狼行山庙会中摔跤情形

东庙全景

沙漠草原中之蒙古包

东河下游之陶来森林

狼行山下之赛马大会

额济纳旗旗长

额济纳河涉渡情形

目录Contents

唐序

额济纳旗即古之居延泽，历来游牧民族迁入中原，从匈奴人起以迄于突厥人蒙古人，均曾以此为通道。而汉御匈奴，唐御突厥，清收准回，亦莫不倚为据点，其地位之重要可知。但在经济上因南北两山山岭，至此没于干燥山系之中，成为沙漠之障壁，仅额济纳河附近犹存耕稼之迹，畜牧亦限于河畔湖畔之狭窄丛莽间，盛长红柳、芨芨、芦草及他种杂草，盖其地势高寒而又多沙碱也。在历史上、文化上，其地先后为匈奴、突厥、西羌、蒙古诸民族所居，至今居其地者，其居处、服食、语言、文字犹迥异内地，参经拜佛，逐水草为生涯，技术落后，文化不高，这些均待改进。董君正钧，赴西北考察，历时一载，深入戈壁千余里，至居延海滨而还，现复将其考察所得，辑为《居延海》一书，于其地之位置、面积、沿革、国防价值、自然环境、民族、政教、交通、经济、社会等，叙述綦详，对于建议额济纳旗建设各点，亦复洞中肯棨，读者能不兴经营规划，改造自然之感乎。

唐启宇

前 言

一九四四年初，著者参加川康宁农业调查团的农业经济部门，特重额济纳旗区。本拟由宁夏穿阿拉善旗西赴居延海，以时期经费及设备之限，乃改道兰州、酒泉沿弱水北下居延。往返共八阅月，深以未过阿拉善及腾格里沙漠为憾。

额济纳旗，偏居西北，环千里戈壁，沙漠阻隔，交通艰险，国内外人士前往考察者均少，文献特缺，著者因于专门报告外，另撰此篇，藉供国人一较完整概念，及研究边疆者与政府施政之参考。因调查时期过短，观察不周，或欠确之处，尚希贤达指正是幸。

著者赴额济纳旗时，不论在交通上、调查上、资料上，深得当地人士之协助，获益殊多，实予著者无上欣慰，而尽忘戈壁旅行之苦，特此志谢。

001~006

第一章　绪　论

1. 绪 论

第一节 位置面积

一、位置

额济纳土尔扈特旗位宁夏西部，西、南俱连甘肃，北界蒙古人民共和国，东与阿拉善额鲁特旗接壤。据《清会典》载："额济纳土尔扈特扎萨克多罗贝勒①游牧地——东与西套额鲁特旗接界，南与肃州边外地接界，西至瀚海与巴里坤接界，北至瀚海与喀尔喀扎萨克图汗部接界。"又据《清代边政通》考（九页）载："额济纳河之阳曰额济纳土尔扈特旗……跨坤都伦河，南与肃州边外地接，西与北皆大戈壁，逾戈壁而北，与喀尔喀扎萨克图汗部接，逾戈壁而西与哈密接。"惟该区及四周皆系戈壁，人民赖游牧为生，各族游牧区域尚无固定界线，而清末以还，中央亦未行划界工作，故额济纳土尔扈特旗之疆界无从确定。就目前情形概言之，东部以吃老文克曹与可伦川景间之连绵沙山（即大沙岭）及古尔乃东部之群山和阿拉善额鲁特旗之艾力布盖、巴丹吉蓝、拐子湖、宗乃与巴龙萨拉札等五巴格②接壤。东南部以合黎山与甘肃之张掖、临泽、高台等县分界。正南以马达井子及沙门子与鼎新之双城子及金塔之天仓连境，北与蒙古人民共和国分界。西部直达马鬃山一带，马鬃山因毗连肃北自治区、镇西（巴里坤）及蒙古等地，俱系戈壁，沙漠浩瀚，疆界尤难确

①见第五章第二节注一及注六。

②巴格系当地行政区域名，约相当于一乡。

定（请参阅附图）。

二、面积

额济纳土尔扈特旗因四至疆界无明确规定，其面积自难确知。惟自前述疆界概计之，其东西长约一千市里（五百公里），南北宽约六百市里（三百公里），全面积约五十万方市里（十二万五千方公里）。约占宁夏全境百分之四十五，大于江苏，而略小于安徽。

第二节　沿革名称及地位之重要

一、沿革

额济纳土尔扈特旗，古匈奴地，汉武帝后元狩二年霍去病出北地二千余里，过居延即此，为汉族势力达居延之始。太初三年，强弩将军路博德筑城于居延泽上，以控匈奴。天汉二年李陵出居延至浚稽山，居延一带，为汉兵与匈奴交战之前线，系武帝新拓疆土。至安帝时置居延县，属张掖节制，居延始正式归入中国版图。建安时，改为西海郡，晋因之。南北朝时沦于柔然，隋唐时属于突厥，宋时为西夏所据，曾立威福军。近人于黑城子宝塔中，曾获得西夏文字经典多册。元时收入版图，置亦集乃路，曾立总管府。《元志》："亦集乃在甘州北千五百里，城东北有大泽，西北俱接砂碛，乃汉西海郡。"明洪武初，冯胜拔肃州进至扫林山，亦集乃路即此。后沦于鞑靼，清起又收入版图。雍正七年赐土尔扈特旗游牧，属甘州节制。至一九二八年划甘肃之宁夏道与阿拉善霍硕特旗及额济纳土尔扈特旗，建立宁夏省。虽入宁夏版图，以该地远离省垣，沙漠隔阻，交通困难，故行政上，仍沿蒙旗旧制，至今尚未设立县局。

二、名称

额济纳土尔扈特旗，以境内有海，汉人遂称居延海或居延泽，故元朝以前，史册均称居延海或居延泽。所置县郡，亦以居延名之。元时改名亦集乃，明时仍沿用之，直至清雍正七年，始名额济纳土尔扈特旗。

考额济纳土尔扈特旗名之来源，系地名额济纳与旗名土尔扈特联合而成，与阿拉善霍硕特旗系地名阿拉善与旗名霍硕特合成者同。额济纳系由亦集乃音转变而成，蒙语额济纳与亦集乃音极类似，亦集乃或系由居延海转变而来也。另说因旧土尔扈特旗人昔在俄境额济勒河游牧，额济勒河即Volga River，近人译为“伏尔加”，昔时译为额济勒，至土尔扈特人由俄境迁回新疆，更移住居延海后，遂称该旗为额济勒土尔扈特旗，后将勒转变为“纳”，遂成今名。是说虽不无理由，恐不如前说理由之充分也。因该旗蒙民，系旧土尔扈特旗，故亦称额济纳旧土尔扈特旗。又以名称太长，故普通多简称为额济纳旗，与阿拉善旗之简称同。

近年汉人又称额济纳旗为“二里子河”。考其来源系交通部于一九二八年，因鉴额济纳旗之重要，欲在该旗设一无线电台，以使与内地联络，所派人员，携机器到后，即设电台于喇嘛庙（即今之老西庙）附近。电报总局令其呈报设台地址名称，因蒙民游牧为生，逐水草而居，各地少固定名称，即有名称，亦多临时象形称呼，如“乌蓝爱里根”系“红土崖”等，至地形或地物一变，名称亦换，且字句太长难读，该台长在附近询问，不得要领，蒙人有告以额济纳旗者，该台长因译为“二里子河”。因二音相近，且该电台又在额济纳河西河中流又分为二河中间之滩地上，二河相距约二里，遂用“二里子河”呈报备案。电报总局因名该台为“二里子河电台”。嗣后外地派往额济纳旗人员，多于事前发电报二里子河电台，通知该旗政府，疑旗政府在“二里子河”，故往返汉人，又称额济纳旗为“二里子河”。而河西各县人民往返者特多，更简称为“河上”。今至河西常闻有“河上来”“河上去”者，即来往额济纳旗者也。

三、地位之重要

额济纳旗偏居西北戈壁沙漠之中，人口千余，家畜三万六千余头，地瘠天寒，不宜农耕，于人民经济上，利益较少，历来国人因多忽视之，不但普通人士少闻其名，不知其所，即内地政府官吏，亦多模糊不清，莫明隶属。历来发往额济纳旗文件，每误寄绥远、宁夏或阿拉善旗等，隔膜之情，由此可知。

额济纳旗之经济价值虽小，而于交通上实有绝不容吾人稍加忽视之重要性。盖新疆境内，沙漠浩瀚，阻隔交通，于内地各省往来颇不便利。而额济纳旗适当瀚海内缘，扼甘肃及新绥交通之喉道，且水草丰美，可发展畜牧。昔为驼队必经之地，近为汽车必过之所。境内戈壁平整，随处可为天然良好之飞行场所。实为通新疆、保河西、护贺兰、卫绥陇而障东南之要津，地位非常重要。

再征之史实，汉时匈奴据河西，屡为边患，汉武帝派霍去病伐匈奴于瀚海以北，筑城居延泽上以守之，河西始安，西域亦得安静。唐宋间党项酋长拓跋氏入居延筑城而据之，乃渐侵入河西朔方等地，卒建西夏帝国，垂二百余年，宋因以衰。元初，蒙古知其重要而置亦集乃路。明初，拔肃州后更派冯胜北入亦集乃路，收复居延，以固河西。清代末叶，运往新疆之粮秣，亦曾取道额济纳旗，为宁夏镇西间往来之捷道。由此可知居延于军事、交通上所关之重要矣。

民国以还，国家多事，边政废弛，额济纳旗遂为强邻觊觎之场所，常有暗自前往调查考察者，如日本于一九三六年派往大批高级干部，运入步枪数千支，修洋房，建火药库，谋以居延为根据，而建立包蒙新甘青宁等省之“蒙古共和国”。幸次年我军开入，始暂保无虞。国人之对额济纳旗，岂可再忽视乎哉！

007~031

第二章　自然环境

2. 自然环境

第一节　地形

一、地势

本区属蒙古高原之西南边陲，平均海拔在一千公尺左右，西部及南部稍高，北部及东部稍低。河西酒泉高达一四七八.二公尺，至额旗南境双城子与马莲井子附近，高约一二二〇公尺（四千呎），由此向北逐步降低，至狼形山麓高约一〇八九公尺（三五七〇呎），至居延海一带，地形更低，在东海附近约八八四公尺（二九〇〇呎），西海附近仅八五一公尺（二七九〇呎），为全旗最低之处，再向北地势逐渐升高。故本区河水由南向北流，至北境潴为居延海。西部马鬃山一带，高达二千公尺以上，东北部与阿拉善旗交界处，约在一千公尺以下。

二、山脉

本区古为海底，本无大山，即有少数小山岭，亦因气候恶劣，酷寒暑热，温差过大，致年久风化，石块崩溃，及风雨之剥蚀，形势低小，宛若砾丘。如额济纳河分流河岸一带之狼形山、青山头、金斯兔山，及西北一带之小山（此带小山地图上有名“保罗乌拉山”者，蒙语“保罗”为多之意，“乌拉”系山之意，“保罗乌拉”即“都是山”之意，此或系汉人询蒙人系何山，告以都是山，而汉人即误以为山名也。凡内蒙一带常见有“乌拉山”等名，均此类误解也）等均属之，其较大之山脉均远居边界之上，如合黎山、马鬃山、及库库拉穆山等，其大部均属邻境，又少经济之价值，与额旗无多影响也。

三、河流——额济纳河

本旗因四周高而中央低，河流无出路，成内陆河流域，以南部稍高，故河向北流。又因境内遍布沙漠戈壁，极其干燥，故河流特少，仅额济纳河一条而已。额济纳河即古之弱水，又名黑河或称坤都伦河。

1．源尾概况　上源有二，皆出祁连北麓，系汇祁连雪水而成，兹分述之。

（1）东源——东源即古弱水，《禹贡》“弱水余波入于流沙”。传云，其水弱不能浮鸡羽（著者试之，能浮木棒，又能游泳，知传说之误）故名。汉书称羌谷水，《史记正义》：“羌谷水自合弱水，又西经合黎山，折西北流，径砂碛之西，入居延海。”以其流经张掖，又称张掖河或甘州河。因其上源水色黑，亦名黑河。重修《肃州新志·高台》壹册云：“黑河即张掖河：自甘州城西南山中流出，河源出摆通河，经祁连积雪消融，其流益洪，傍合黎山出羌谷口，北入亦集乃之哈班、哈巴、喇失三海子，即古居延海。”因其上源经山丹，名山丹河，故亦有称弱水为山丹河者。

山丹河源出山丹南山，祁连北麓，西北流至山丹城西北，沿山丹山南麓，长城南侧，西流入张掖境，会由民乐南山北流之洪水河；复西流至张掖城西北，再会由张掖南山北流之甘州河，沿合黎山下，经临泽、高台两县，出羌谷口，西北流入戈壁。至鼎新城西之营盘与西源临水相会。

（2）西源——西源曰临水。源出酒泉南山、祁连北麓，经酒泉城西门外东北流。因其横过酒泉城北，又称北大河，复因其水色白亦称白河。至酒泉西北会洪水，即洪水坝河，北流至金塔城西，东北流至营盘，与弱水相会。

（3）干流及尾闾——二水于营盘合流后，称额济纳河或坤都伦河，亦称黑河或弱水。北流四十里过双城子与天仓之间，即入额济纳旗境。复东北流经马莲井子、地湾、红沙窝、赛湾、老树窝等地，约百六十里。至狼形山下又分为东西两河，西河蒙名海图果勒，正北流，又分为数小支，统称穆林河，更合流，约经三百里，注入西居延海。东河蒙名莫那果勒，亦称纳林河，东北流，下流又分为两支，正流注入西居延海，东流注入东居延海，长约三百里。

2. 水量　额济纳河上源系汇祁连雪水而成，上流又经过甘、肃二州，沿途灌溉，故水量随季节之变动而渐减。每年三月惊蛰后冰融，洪流挟巨冰而下，水量最大，称“春汛”。此后河西开始整地，预备播种，纷纷灌田，禾苗生出后，需水更多，下流水量因之渐减，至五月间，常致干涸。七月中旬后，夏收始少灌田，且大雨时降，兼之盛夏融雪，故河水复涨。中秋后谷收毕，土地一部或立犁种荞麦蔬菜等，又需灌田，故下游水位降低。九月底秋收始，沿河渠坝俱开，水位骤增，称“秋汛”。十月间秋收毕，各田均灌冬水，下游水量暴落。十月底后，灌溉完毕，河水将结冰，水量渐增。直至翌春三月后，水量始渐减。为明了计，兹列弱水时令表于下，以便参考。

额济纳河水源除小部雨水外，主系祁连雪水，故其水量大小，随

弱水时令表

观测时期						水量变动
年	月	日	年	月	日	
一九二七年十月至一九二八年十月	三	二七	一九二八年十月至一九二九年十月	三	二四	灌溉开始水位低浅
	五	六		五	五	仅各河漕尚有水不久则仅深潭有水
	七	二二		七	二二	大雨时降盛夏融雪收割开始水涨
	九	九		八	四	二次水涨继以水位暴落新事播种灌溉繁
	九	五		九	四	灌溉殷切河几枯竭
	九	一四		十	一	水位骤升秋收开始
	十			十	二四	水浅减秋灌开始
	十	一一		十	十	静水初冰
	十	二八		十	二七	初见流冰
	一一	一三		一一	一六（一八）	水涨秋灌毕田土冰
	一一	二〇		?	?	冰合封河
	一二	一六		一	五	冬水初涨
	二	一三		二	二	冬水再涨
	二	二四（二八）		二	二五	冰面见水
	三	一		三	一四	冰将解不宜人行
	三	一		三	一七	一部消尽水有筛道通行
	三	一八		三	一八一二〇	河水宽广复原有流冰

资料来源：据中国气象学会会刊七五期九一六〇页。

河西气候而变。祁连酒泉南山（又称雪山）高五千九百余公尺，地高天寒，四季降雪，古有“雪压祁连六月寒”之诗句，积雪存数十年。故河西晴天多、温度高，融雪量多之年，额济纳河水量即大，河西农田得水亦告丰收。若逢多阴雨之年，天气寒、融雪量小，水量亦小，农田缺水，河西歉收。各年情形变化颇巨也。

至下游东西二河水量，西河较深而水多，东河较浅而水少。一九三七年当地驻军因在西河中下游之建国营，修筑营房，采用青山头一带木材，为便运送计，在东河口作坝，以增西河水量而便木排下行，西河经此一冲，河槽加深，水量增多，终年有水。而东河水量遂少，且常干枯。因河槽两岸，俱系流沙，东河中无水，河床逐渐被沙填塞，致河底日高，河水不易灌入。一九四四年著者前往调查，归途中，适逢中秋涨水之际，西河水深没牛不易渡过，而东河竟干枯无水。如不急谋修浚，恐东河将永干枯，而东河两岸之草木，亦将随之日衰矣。

3. 河床水深与水速　酒泉高一四七八.二公尺，居延海高八五一公尺，全长千余市里，高度相差六百余公尺，平均每公里仅差一公尺。故额济纳河之降比甚小，水流缓而河床宽，普通宽约一一〇——二〇〇公尺之间，鼎新以上，河床多系石砾，以下多为细沙。水位最高时，河心最深处，约为一.五公尺，普通水深〇.五——一.〇公尺之间，水位最低时几将干涸矣。普通每秒约〇.五——一.〇公尺，水大时河槽正中可达一二公尺。

四、湖泽

1. 居延海　居延海位额济纳旗北境，为额济纳河潴积而成之容受湖，汉时又称居延泽，汉武帝命强弩将军路博德筑遮虏障于居延泽上即此，元名亦集乃湖，重修《肃州新志》："居延海在镇夷城北千二百里，在砂碛外，居延县以此名，元名亦集乃湖。古时分哈班、哈巴及喇失三海子。"重修《肃州新志》："黑河……出羌谷口北入亦集乃，哈班、哈巴、喇失三海子即古居延海。"今只分东西二海子，汉人称东居延海及西居延海，简称东海及西海，蒙古人称东海为索古诺尔（或译为苏古诺尔），西海为卡宣诺尔（或译为葛顺诺尔）。诺尔蒙语即海子之意，西北汉人称湖泊为海子。

（1）东海——东海系承东河东支流之水而成，地势稍高，仅东河水大时可注入，面积较小，周约百五十市里，蒙民云为驼走一昼夜之程。水色碧绿鲜明，味咸，含大量盐碱，水中富鱼族，以鲫鱼最多。一九四三年春，开河时大风，鲫鱼随浪至海滩，水退时多留滩上干死，当时曾捡获干鱼数千斤，大者及斤。鸟类亦多，天鹅、雁、鹳、水鸡、水鸭等栖息海滨或水面，千百成群，飞鸣戏泳，堪称奇观。多候鸟，开河时来，将封河时南返。居民常于海滨获得天鹅蛋，大于鹅卵，白美可爱，得者珍之。

海滨密生芦草，粗如笔杆，高者及丈，能没驼上之人，极似荻苇，入秋芦花飞舞，宛若柳絮。马牛驼群，随处可遇，"天苍苍，野茫茫，风吹草低见牛羊"之佳句，至此始知其妙绝也。西北一隅为砾滩，接戈壁，草木极少，仅抗碱性极强之碱梭梭蓬棵与红柳数株及芦草疏布而已。著者跨驼海岸，时见马饮水边，鹅翔空际，鸭浮绿波，碧水青天，马嘶雁鸣，缀以芦草风声，真不知为天上人间，而尽忘长征戈壁之苦矣。

（2）西海——西海在东海西约七十里，承受东西二河之水而成。地势较低，河水可终年灌入，故规模较大，据居民云：当东海二倍，周约三百市里。水因含碱过重，其色青黑，距水滨十里，即为湿滩，人畜不能进，亦无草木，水味苦。传云“水含毒质，鸟兽及鱼饮之即死，故水中无鱼虫，海滨无鸟兽，亦不能放牧”。蒙语“索古”即“苦”意、索古诺尔即“苦海”之意，不知传说确否。惟据笔者归途中之拉驼夫云，十年前曾于冬季到西海冰上，见海滨野骡子（形似骡子而色灰之野兽）甚多，并捉到一只，惜未亲往一视耳。

2. 古尔乃湖　位额济纳旗东南边境之古尔乃中，与阿拉善旗相接，为西南东北方向，长约三百市里，宽约二百市里，其间分布许多小湖，统称古尔乃湖。湖中与湖滨密生芦草，湖滨间生红柳、陶来杨，湖周沙窝中，密生梭梭，成该区最大之梭梭林，为额旗主要富源之一。湖中富藏盐碱，常于盐碱泽地掘之成块，即可应用。额旗及河西居民所需者，泰半取之此地。

3. 木集湖　位黑城南约百五十里，东河东约五十里，中生芦草。

4. 碱泽　本旗浅水面颇高，普通掘地四五市尺即得水，故本区中凡低洼之地多有积水。又以土中含碱特多，溶解于水，故水中均富含碱质，浓者水色淡黄，或微带绿色，水面每结薄碱一层，味咸涩，中生芦草等抗碱植物。面积大小不定，水极浅，故统称碱泽，戈壁间低地中，随处可见。

第二节　气候

额济纳旗位我国西北干寒大陆之中心，距海太远，太平洋北极海及印度洋气候影响不及，致雨量稀少，沙漠连绵，温差过巨，气压变化无常，四季分配不均，成极端之大陆性气候，兹分述之。

一、雨量

本旗远离海洋，太平洋潮气，一阻于秦岭，再阻于六盘山，及达贺兰山，已成强弩之末，潮气全失。致贺兰山西即成沙漠，绝无力西达额济纳旗。印度洋海风经过重重高山峻岭，无法穿越祁连，何得北达额旗。北极海气流为蒙古高原及阿尔泰山所阻，更远渡西伯利亚之干燥区域，亦不能影响额旗。故本区雨量特少，全年仅二十余公厘，七、八、九等月中，雨量合计约占全年雨量总额十之七，亦不过二十一公厘而已，无济植物生长。夏秋之交，每见阴云四起，雷电交加，风沙飞扬，有暴雨将倾之势。及雷云当头，仅见雨点稀疏，片刻云散，风沙不息，烈日又出矣。因湿度太低，冬期少见霜雪。故本区如不行灌溉，不但难用旱农法栽培作物，即普通牧草与树木亦难生长也。兹将本旗全年各月雨量记录，与其附近全国主要地区雨量比较，分别列表于后：

额济纳旗各月雨量表（一九二八——一九二九年）
（单位：公厘）

全年 二九.七	一月	二月	三月	四月	五月	六月
	○.一	–	○.八	○.○	–	–
	七月	八月	九月	十月	十一月	十二月
	七.五	三.○	一○.五	–	一.三	○.五

资料来源：中国气候资料（气象研究所编）。

二、温度

本旗位于温带北部，纬度较高，海拔又在千公尺左右，故气候颇寒，年平均温度约五度（摄氏下同）。因戈壁沙漠遍布全境，吸热及散热均速，故寒暑变化过巨。夏季炎热灼人，六七月间温度常达

额济纳旗全年雨量与附近及全国

地名	全年	一月	二月	三月	四月	五月	六月
额旗	二九.七	〇.一	–	〇.八	〇.〇	–	–
敦煌	四六.二	〇.〇	一.四	–	〇.一	一三.九	–
酒泉	三三.四	–	九.六	三.二	三.七	三.八	五.四
都兰		二.〇	三.〇	四.〇	一一.六	–	–
迪化	三四五.〇	四.〇	三六.九	–	四〇.三	七五.七	九.八
库车	五五.三	一.六	一.九	四.三	三.三	一.三	三四.五
兰州	三六一.六	〇.九	四.八	四.九	一〇.九	二六.三	二〇.六
中宁	二七四.六	–	–	五.九	〇.八	四九.四	七.一
西湾子	四二六.三	四.七	四.八	八.九	一四.六	六二.一	七四.五
平凉	五九七.二	四.九	四.二	三四.四	三八.二	七七.七	五三.一
长春	六四六.七	七.〇	六.五	一六.五	一九.五	五二.〇	一〇四.六
北京	六三〇.四	三.九	四.五	八.七	一五.六	三三.〇	八二.九
西安	五二一.五	三.八	六.七	一七.四	四一.三	五二.六	五五.九
南京	九七七.六	三七.九	四六.三	六一.九	九六.九	七八.六	一五六.四
广州	一六五五.九	四四.一	六六.九	九一.六	一五〇.二	二五六.一	二七二.五

资料来源：1. 酒泉据前中央气象局甘肃测候所供给。2. 迪化、库车据胡焕庸著《新疆之气候》。3. 敦煌、都兰、中宁三地据前中央气象局编气象年报卷一。4. 西湾子记录据《中国气候资料》

主要地区比较表（单位：公厘）

七月	八月	九月	十月	十一月	十二月	备考
七.五	三.〇	一〇.五	-	一.三	〇.五	一九二八一一九二九
一二.五	一八.八	〇.〇	-	〇.〇	-	一九四二
二六.九	二六.三	三.四	-	一.〇	〇.一	一九四一
-	-	-	-	-	-	一九四二（?）
二三.三	六四.三	一六.六	四六.八	八.五	一八.三	一九三〇
三三.三	三.六	五.三	〇.〇	〇.四	六.四	一九三〇一一九三一
七六.〇	一三三.四	六二.三	一六.一	〇.五	四.九	一九三三一一九三六
九〇.四	七五.八	二六.七	一八.五	〇.〇	-	一九四一
九一.八	七六.六	四九.一	一八.七	八.六	三.九	一九一七一一九三七
六三.三	九九.七	一九〇.六	九.二	二.一	〇.〇	一九四三年平凉测候所
一八二.九	一三三.八	六二.〇	三八.四	一六.三	七.三	一九〇九一一九二九
二四九.五	一四六.一	五八.〇	一七.一	八.八	二.三	一八四一一一九三六
八三.七	一二三.八	八二.八	五二.一	一四.五	七.〇	一九二二一一九三六
一八二.六	一一一.三	八三.一	四五.二	四一.一	三六.三	一九〇五一一九三六
二五六.三	二四三.九	一三五.三	五九.四	四〇.八	三五.八	一八九二一一九三六

三十一页。5. 平凉据平凉测候所记录。6. 其余均见前《中华民国统计提要》二十九年辑十五至二十三页。

敦煌酒泉全年各月

地名	全年	一月	二月	三月	四月	五月
敦煌	二三八七.〇	一五七.四	九八.八	一四六.五	一三七.三	一八五.五
酒泉	二七六七.〇	二一一.〇	一五一.七	一二四.〇	二二五.九	二二二.六

资料来源：中央气象局一九四二年第一卷气象年报。

三四十度以上，中午更热。冬季酷寒，日间温度常在负二十度以下，夜间常低于负三十度以下。年较差在六十度以上，一日之温度差，尤可惊人，如盛夏日间温度常在三十度以上，一遇阴雨或吹风之夜，温度骤降至十度以下，虽着羊裘亦不觉暖矣。日较差最大时可达二十度以上，平均日较差约为十五度。因气温变化过巨，故霜期之变化亦大，以该区过干不易见霜，惟一九四四年旧历七月二十六日即降黑霜一次，因而该旗汉人所种蔬菜多被冻死。著者于同年九月二十九日在该旗旗政府附近，即见静水结冰，大概估计早霜约在八月底，晚霜约在四月底，植物生长期约一百二十日，在五、六、七、八等四个月中。植物生长期既短，而日较差尤大，故不利作物生长，冬期长而特寒，普通植物殊难越冬而不断生机也。

本旗温度记录，因无测候站之设立，故难确知。前交通部二里子河无线电台，虽有逐日温度记录，因非测候机关，无百叶箱之设备，时用室外檐前温度，时用室内温度，且观测之时间亦不一定，难作科学上之有力参考。今仅将额旗附近测站记录，及与全国重要都市温度比较，以及二里子河电台一九四三年全年逐日记录，分别列表如后，以供参考。

日照时数表（一九四二年）

六月	七月	八月	九月	十月	十一月	十二月
三一七.五	二一四.五	二一一.一	二七二.三	二五三.七	二四三.三	一四九.一
三二三.〇	二三九.七	二四四.九	二五七.一	二四四.二	二四四.七	一八八.二

三、风

本区因北负蒙古高原，三面环山，加以距海过远，不受海风影响，故一切风暴之发生，多系气温骤变局部气压变化不均所致。而春秋二季寒暖交替之时，气压变化频繁，大风时起，旋风尤多，以四、五两月最大。因西北较寒，气压较高，故风亦多由西北方来。西北西风最多，西北风及西南风次之，其他风较少。风速最大时达每秒三十公尺。大风及旋风一起，沙岭之巅，细沙飞扬，如出云雾，飞沙走石，舞浮空际，不但星日隐耀，山岳匿形，甚且迁移沙山，掩埋人畜及植物等，商旅苦之。直径二公分以下之石块砂粒，每被风吹起，远移数十百里，河西金、鼎二县农作物，常受风沙吹折打压之患，民引为忧。前鼎新县政府因此建有“弱水有限，流沙无情”之木牌，横悬街上，以警居民。

四、日照

本区日照量及日照强度，虽无观测记录，据以上资料及常识推测，任何植物生长之需求，均可满足而无虞。全年日照时数约在二千七百小时以上。兹将敦煌酒泉二地一九四二年各月日照数量列上，以供参考。

额济纳旗四周及国内重

地名	年平均	最高	最低	一月	二月	三月	四月	五月
敦煌	二.三	—	—	(一)六.二	(一)一.四	五.五	一三.二	二〇.二
酒泉	八.七	三七.一	(一)二三.二	(一)六.六	(二)八.〇	五.六	二.六	一五.八
张掖	二.八	—	—	(一)五.八	(一)三.七	六.八	一四.九	一六.五
西湾子	七.七	三七.七	(一)三三.八	(一)一八.三	—	—	—	—
银川	八.四	—	—	(一)一〇.二	(一)四.三	一.五	一〇.六	一六.五
迪化	三.五	三九.六	(一)三四.三	(一)一九.三	(一)一一.〇	(一)一.三	七.六	一六.九
库车	八.八	三七.二	(一)二五.二	(一)一四.〇	(一)四.五	六.六	一三.二	一八.九
都兰	二.〇	三三.〇	—	—	—	二.〇	—	—
兰州	九.四	—	—	(一)七.五	(一)一.一	五.四	一二.一	一七.一
西安	一四.一	—	—	(一)〇.八	二.三	八.六	一四.六	二〇.六
北京	二.八	—	—	(一)四.六	(一)一.五	五.〇	一三.六	二〇.一
南京	一五.三	—	—	二.二	三.七	八.六	一四.四	二〇.三
广州	二二.〇	—	—	一三.一	一三.九	一七.一	二一.六	二六.三

资料来源：1. 敦煌、张掖、酒泉记录据兰州气象测候所供给。2. 西湾子据日本人记录于《蒙古年鉴》发表见《宁夏省森林调查》。3. 银川记录据黄河水利委员会勘查队宁夏区一九四三年报告。4. 迪化、库车记录据胡焕庸著《新疆之气候》。5. 都兰记录据

要都市温度表（摄氏）

六月	七月	八月	九月	十月	十一月	十二月	记录年代
二二.二	二一.九	二六.五	一九.三	二.七	二.〇	（一）四.二	?
二二.二	二三.二	二〇.七	一六.四	九.五	一.五	（一）六.六	一九四二
二〇.四	二八.三	二四.六	一八.九	一一.二	一.二	（一）五.五	一九三八
—	三八.八	—	—	—	—	—	?
二一.一	二三.六	二三.二	一六.四	九.九	（一）〇.一	（一）七.二	一九三六—三八
二二.五	二三.九	二〇.八	一四.三	六.九	（一）二.〇	（一）十三.三	一九三〇
二二.〇	二三.九	二二.二	一七.一	九.〇	（一）〇.四	（一）八.三	一九四〇—四一
一七.〇	—	—	三.〇	—	—	（一）一二.〇	一九四〇—四一
二〇.九	二二.五	二〇.六	一六.四	八.八	一.一	（一）四.〇	一九三三—三六
二六.五	二八.一	二六.〇	二〇.八	一四.五	七.三	一.二	一九二二—三六
二四.四	二六.一	二四.九	二〇.一	三.七	三.九	（一）二.六	一八四一—一九三六
二四.四	二七.七	二七.五	二二.八	一七.二	一〇.六	四.六	一九〇五—三六
二七.七	二八.六	二八.八	二七.六	二三.八	二〇.〇	一六.一	一九二四—三六

《边政公论》二卷六七八期二十七页（三、六、九及十二月温度系春夏秋冬之平均温度）。6. 西安、北京、南京、广州记录据前主计处二十九辑《中华民国统计提要》。

额济纳旗一九四三年逐日温度记录表（摄氏）（地址：老西庙）

月 日	一	二	三	四	五	六	七	八	九	一〇	一一	一二
一	四	六	一五	一五	二〇	二四	三〇	三〇	二〇	一三	二	（－）六
二	（－）四	八	一五	一四	一四	二四	三〇	二四	二〇	一二	四	（－）四
三	二	〇	一六	一四	一六	二四	三〇	二四	二〇	一六	六	（－）六
四	（－）四	六	一五	一二	一八	二四	三〇	二八	二〇	一六	三	（－）四
五	（－）二	七	一〇	一五	二〇	二四	三〇	二八	二一	一五	六	（－）八
六	（－）四	四	一四	一四	二〇	二二	三〇	二四	二〇	一六	六	（－）六
七	四	一〇	一二	一四	二〇	二四	三〇	二三	二〇	一五	三	（－）四
八	（－）四	一〇	一二	一四	二〇	二四	三〇	三〇	二〇	一五	六	（－）六
九	二	一〇	一五	一五	一八	二四	三〇	三二	二二	一六	四	（－）八
一〇	（－）二	八	一四	一六	二〇	二六	三〇	二四	二二	一五	四	（－）四
一一	四	〇	一四	一六	二四	三二	三〇	二二	二二	一四	四	（－）四
一二	（－）二	四	一四	一四	二四	三〇	三〇	二四	一九	一四	六	（－）四
一三	三	六	一〇	一四	二二	三二	三〇	二八	一五	一二	〇	（－）四
一四	（－）二	四	一五	一五	二〇	三二	三〇	三四	二〇	一三	〇	（－）六
一五	三	四	一五	一四	二〇	三二	三〇	二四	一七	一二	四	（－）四
一六	二	一〇	一五	一五	二〇	三二	三〇	三二	一七	一一	二	（－）二

一七	三	一〇	一六	一五	二〇	三三	三〇	二八	一八	九	二	(－)一二
一八	(－)一	四	一六	一六	二二	三四	三〇	二六	一八	一〇	二	(－)一一
一九	二	八	一二	一六	二二	三三	三〇	二八	一七	一二	〇	(－)一二
二〇	(－)二	一〇	一六	一六	二六	三四	二四	二八	一八	一一	二	(－)一〇
二一	三	六	一六	二〇	二五	三〇	二四	二四	一五	一〇	〇	(－)一八
二二	二	一五	一八	二〇	二五	三〇	三〇	二二	一六	四	(－)二	(－)二〇
二三	三	一四	一二	一八	二八	三二	三二	二〇	一三	二	(－)一	(－)一八
二四	二	一二	一四	一四	二八	三四	三四	二〇	一二	四	(－)二	(－)八
二五	三	一〇	一六	一六	二六	三四	三四	一八	一三	五	二	(－)二二
二六	三	一五	一二	一八	二六	三二	三〇	一九	一二	四	(－)四	(－)二〇
二七	四	一四	一四	一六	二八	三〇	三二	二〇	一二	六	(－)四	(－)一七
二八	四	一二	一四	一八	二〇	三〇	二六	二二	一四	七	(－)四	(－)二二
二九	一〇	四	一五	二〇	二〇	三〇	三三	二二	一二	六	(－)四	(－)一七
三〇	二		一四	二〇	二二	三六	三二	二三	一三	六	(－)二	(－)一八
三一	八		一四		二五		三一	二〇		四		(－)一七

资料来源：据前交通部二里子河电台记录（每日上午八时檐前或室内温度）。

第三节 土壤

本旗土壤[①]，除额济纳河两岸及居延海滨，盖覆少量冲积土外，全境皆为漠钙土，含大量石灰质及盐碱，不宜作物生长。兹分为戈壁、沙漠、碱滩及冲积土等四类，略述于后。

一、戈壁

戈壁，蒙语为坚硬难生草木土地之统称。普通包括不毛之硬土地及地表满覆石砾之地二种。河西人多称后者为戈壁，即古书上之砂碛，内地人常称大沙漠为戈壁，如“瀚海即戈壁”，或指戈壁为地名等均误。额济纳旗全境，除河岸湖滨及少数之沙漠碱滩外，全系一望无际，地表满覆石砾之戈壁。依其成因不同，概分为下列数种。

1．岩成戈壁 黑河西岸沙门子、天仓附近及以南等地之戈壁，大多属之。系岩石物理风化而成。本区因低温缺水，化学风化力极弱，而温变巨烈，使岩石表面与内部发生不均之膨胀与收缩。岩隙间之水分时冻时解，久之使岩石崩解脱落。更加风雨剥蚀等作用，遂使大石块分裂成小石块，小石块继续分裂，时间愈久，分裂愈碎，致山上岩石骤望之系巨大石块，细观之满布裂痕，把脚一踢，或用手一推，数方尺石块，即哗然碎裂，成大小不等之石砾。此类大石块经鸟兽或自然力之作用，裂成石砾，堆积山岭，经风雨之推移，大者顺山坡堕积山麓，小者移至山下较远之地，愈小者离山愈远，石砾运行时，更互相磨擦，而产生粗细不等之砂粒，随风飞扬远地，降积而成沙漠，细察各段砂砾之形状，山巅多满布裂痕之大石块及大块岩石，山腹石块较小，而带锋利棱角，

①本旗主要土壤及岩石标本，著者分采数种，于宁夏交中央地质调查所研究员朱莲青君带回该所研究，另有专著。

山麓砾块又小，而棱角较钝，再下多为直径三四公分以下之圆滑小石块，而棱角多失，再远则石块更小而多成为扁圆形矣。盖石块顺斜坡而下，块愈小者愈易被风雨推移，而行程愈远，行程愈远则石砾相互磨擦之次数愈多，棱角逐渐消失而愈近圆形也。

此类戈壁岩石简单，以砂岩为主，石砾间沙土含大量石灰质，加稀盐酸数滴，立起强烈之泡沫。色泽与母岩同，或青或红，天仓沙门子及红沙窝等地者多为红色，南部金塔之西伊一带，多为青色。此带山岭因剥蚀年久，极为低矮，普通多已夷成数丈或数十丈之石砾岭垄，无复山形矣。

此种戈壁，砾质厚度由数寸至数尺不等。腐殖质含量殊少。潜水面高低不定，低处常成湖泽，而较高处常距地表数丈以下，极少生产价值。除抗旱性极强之黄毛头红沙稞（枇杷稞）、蓬稞及老鸦秧等稀疏散见外，罕见他种植物（戈壁植物请参阅本书附录一）。

2. 水成戈壁　水成戈壁原有二种：一为河成戈壁，即河水将山间石砾冲至山下宽广之大河床中，成石砾河床，河床逐年变动，致石砾河床之平面渐宽，河水退后，遗留石砾，满布地表，即成戈壁。石块大者直径数寸，小者如砂粒，距山愈远，石块愈小而愈光。石砾层普通不太深，多不盈尺，如河西之戈壁多属之。另一种为海成戈壁，即古海水退却干涸，海底石砾遗留地表而成。额济纳旗弱水东岸狼形山以南各地，及狼形山北额济纳河两岸二里至十里以外之地均属之。

此种戈壁之组成，狼形山以南者，上层以直径一至二公分之石砾为主，亦有少数大至四公分者，平铺一层，下为直径二公厘之粗砂一薄层，二者可合称为砂砾层，厚度在〇.五至〇.八市寸之间。岩石以石英及花岗岩为主，砂岩较少，多为青色，并常见红黄白绿等色之石英质，光彩耀目，如宝石，常有畸形者，可充装饰品。其下为石砾与碱土混合之坚硬砾土层，石砾与上层同，土多为白棕色（尚未成砾岩），厚度零至一丈不等。下有白碱一薄层，厚〇.三市寸左右，再下为直径一公厘以下之红棕粗沙与盐碱混合而成之硬土层，用铅笔杆锥之，始可破，厚度由零至一市丈余不等，常呈水平片状叠列，此层可称为硬碱土层。其下有一层白碱，厚仍约〇.五市寸，硬如白石。更下为砾岩，厚一市丈以上，以青色为主，砾岩下有二层，四面体结晶白碱，厚约半寸，上层结晶体较少，每边约三至四公厘，下层略大，每边约一公分以下。再下为白色粗砂岩，厚度一市尺以上。此系著者在青山头以南由地面裂沟及河岸观察而知，未穷其底。各层概况略如上述。

此部戈壁，平广坚硬，纵横数百里，草木罕见，实极优良之天然飞行场。潜水面虽未加实测，而此段河岸，距水面常达三四丈以上，戈壁中虽较低处亦少见碱滩碱泽。由马莲井子至古尔乃间三百余里无水井，夏季断绝行人，冬期旅客带冰为饮料，始可前往，当知其凿井之难。由马莲井子至狼形山间，南北二百余里，亦少水井，近河处，常遇由风水吹裂之沟，深一二丈，土层分明，极为干燥。凡此种种均可推知其潜水面距地必在三丈以上也。

此部戈壁，因潜水面极低，表土为砂砾，底土为硬碱土，无腐殖质可言，殊少养料，且吸热及散热性太强，故为极燥瘠之戈壁。草木简单而稀少，仅抗旱寒碱性极强之麻黄、霸王刺、黑子刺、红砂稞等数种而已，多系多年生小灌木，株高半尺左右，或伏生地表，着生处常固定半尺以下之砂丘，分布极疏，每株相距密者数丈，普通在二十丈左右，稀者常达五六十丈以上，可谓“不毛石田”矣。

狼形山北，因地势较低，额济纳河又分为东、西二河，在两河两岸二里至十里以外之地，皆为海成戈壁，表面与南部略同。此区因地面少沟道，故下层组织不详，惟地面低洼处常有碱滩及碱泽，潜水面较高，距地面约六市尺以下。又因此区地势较低，河道分支多而水流缓，河水能影响戈壁，故湿度稍大，草木亦稍多，以麻黄、霸王刺、黑子刺、骆驼刺、老鸦秧、黑菜、白条刺、黄毛头及梭梭树等为主，除梭梭树高可达丈余外，生长情形与南部同，惟密度较大。稀疏散饰，随处可见，普通株距六七市尺至数丈之间，并有聚生而为单纯小植物社会者。

3. 风成戈壁　风成戈壁即直径一至二公分之石砾，经暴风或旋风吹起，飞扬空际，远离原址，风势稍弱，堕落地面，年久时长，致土地表面，满布石砾，而成戈壁。东河中流东岸黑城子一带之戈壁，大多属之，因黑城城内及附近村舍残垣中，均覆石砾一层，当可推知系由风移入。岩石种类与前略同，惟石块略小，普通多在一至二公分以下，红白蓝棕等色之石英质宝石尤多，日月反射，闪灼夺目，随处皆是，别有异趣。

此区戈壁，汉代以前原为沃壤，汉明之间，垦为良田，自明末荒废后，始渐变成戈壁。上层全系小石砾及粗砂，厚仅三公分左右，下层即为土壤，若沙土被风吹尽，砂砾下即为大量石灰质与碱土混合之硬土，深度不定，潜水面颇低，黑城子中有井七八尺深而无水，附近亦少水井，潜水面约在一丈五尺以下。其上植物亦极稀少而简单，仅少数之梭梭、老鸦秧、红沙稞及极少之灰蓬与骆驼刺等。

4. 戈壁奇景

（1）幻海　昼间戈壁中，常见三四里路外，横有湖海或江河，江洋一片，山岭花木倒影，荡漾清澈可喜，实予渴热交集之戈壁旅客以无上欣慰。不觉口内生津，身心一爽，急思至水边饮洗休息，并愁无船渡水。至距水一二里或半里处，水渐后退，计程应抵水滨时，仍系干热戈壁，视水犹在三四里外，或前水消失，他方另发现类似江湖，水可望而不可及，如故意捉弄旅客者，乡民称曰“风水”。盖系日照戈壁石砾反射光波变动所致也。

（2）海市蜃楼　戈壁沙漠中，每见天空现出楼台殿阁，或都市街道，车马行人，往来不绝等，不久自行消灭，系光线反射所致，吾人称曰“海市蜃楼”。

（3）鬼城　传说夜间于戈壁中旅行，每见前方有一城市，行人往来不绝，走近又自消灭，乡民称曰“鬼城”。著者虽未得见，实系无稽之谈。

二、沙漠

沙漠即流沙，全系细沙堆积而成之起伏沙岭，如丘陵地带之岗峦起伏，附近汉人，称为沙窝、沙山或沙丘，乃吾人常称之沙漠，并非如一般人所想之平广无垠也。有固定与活动二种。

1. 固定沙丘　其上均生长草木，凡额济纳河两岸、湖边及戈壁中生长植物之处均属之。考其成因，系细沙随风起飞，遇植物阻止而降于植物根部，被枝叶保护，不易飞去。沙子愈堆愈多，而成固定沙丘。如戈壁中每株小植物之下，均有一堆小沙丘，即由此而成。因戈壁中水分少，植物短小，所能固定之沙量少，故沙丘亦小，多在半尺以下，并有少数达三尺左右者。河湖边缘之沙丘，因水分多，植物生长易而枝干多高大茂盛，固定之沙量多，致积成高达数丈或数十丈之沙丘，各沙丘相连而成连绵不断之沙岭。沙山增高，植物亦随之增高，相互助长，新植物更着生沙面，平时微风吹起，细沙飞扬，迎风处被风吹去，背风处又阻沙降落，故短时内沙丘沙岭体积无大增减，位置亦无多变动而成固定之形态也。其上植物均生数丈或一二十丈之根，深入沙底，吸取水分，树中下部常埋入沙中，仅枝干露于极燥之沙面，堪称奇观。

此种沙丘沙岭因过于干燥，更无腐殖质可言，实少生长植物价值，其上植物前已述及，皆由深根吸取沙下之水分与养料，如陶来、梭梭、红柳及芦草等，均可密生成林，枝干高大，浅根植物仅有极少数之沙迷羊、咩咩羊与刺蓬等，俱有特强之抗旱性，每年仅遇微量水分，即可维持生存也。

2. 活动沙窝　即流沙，此种沙窝阻隔交通之性特强，高大沙岭，骆驼亦难通过，即极低之处，虽仅一二尺深，人畜车辆通过时，亦颇感困难。一遇暴风或旋风，即飞腾空际，隐日匿山，待风息沙落，积成沙岭。故原为平地，一阵风起，送来流沙，片刻风息沙降，即可堆成数丈或数十丈之沙山；原属沙山，一阵风起，又可将沙山一部或全部吹去。如海洋波涛，高低无定，移动无常，且干无滴水，寸草不生，最无经济价值。

三、碱滩

碱滩为含大量碱质之土壤，表面每结有坚硬之碱壳，常存于戈壁中及河边低洼之处，最低处每积有极浓之碱水，色黄而微绿，最浓者水面有一层结晶之白碱，厚约五公厘，其味咸涩而滑，据云：饮之泻肚。其聚集盐碱特多者，每结成巨大盐块，厚至数公分以下，覆于地面，亦有被沙埋于地下难穷其底者。当地居民，每采之溶于水，以当碱发面或当食盐，土中所含盐类，据蓝梦九先生分析以钠盐最多，镁盐次之，钙盐最少。钠盐中以硫酸钠、氯化钠最多，炭酸钠及重炭酸钠次之，硝酸钠又次之；镁盐中以硫酸镁、氯化镁最多，炭酸镁及重炭酸镁次之，硝酸镁又次之。若以色泽分，可大别为黑、白、棕三种，兹分述之：

1. 黑碱滩　常发现于戈壁低洼之处，广袤数里，表土为青黑色，碱与土均结成坚硬之壳，厚达五公厘以上，人行其上，如履冰雪，碱壳破碎有沙沙之声。较硬者穿马靴以靴跟猛踏之始可破，最坚硬者虽猛踏亦不破。下为同色松沙土，厚约一寸，再下为灰黑色之潮土，深度不详。其pH值为九。潜水面颇高，距地面多在二公尺以下，因其含碱太重，而表面又有硬碱壳，故植物简单，最硬者仅能生长稀疏之芦草与少数芨芨草。碱壳稍软者可生长芦草、芨芨、碱柴稞，及少量之骆驼刺等，密度稍大，常成单纯植物社会，间亦有极少数之红柳生长边缘。故此类土壤，利用之价值极低。

2. 白碱土　普通常存于碱湖水外及戈壁间低地，地表覆白碱一层，望之若雪，积一公分以上，有松如霜雪者，亦有坚如薄冰者，人行其上，碱壳破碎有沙沙之声。其下为灰棕色土壤，温度颇高，以手紧握之，可成土团，腐殖质含量多少不等。因多近水滨，潜水面普通在半至一公尺，上生多种抗碱性植物，以芦草、羊胡子草、牛毛草、三楞草、野老烟、蓬稞、滨草及马绊肠等为主，虽有少数之甘草、胡杨、马莲与红柳等，均生长不良。而芦草、羊胡子草、牛毛草、三楞草及野老烟等五种植物，虽在较浓碱水中，亦可生长良好。其边缘外围较高处，常有质地坚硬之白色碱土，因乏水分及太硬，仅能生长稀疏之黄蒿而已，经济价值颇低。

3. 棕碱土　此类碱土主分布于戈壁中低洼处，及戈壁与碱滩间之斜坡上。表上结棕色碱壳一层，厚多在半公分以下，硬度较小，用足轻踏之即碎，行其上亦有沙沙之声，惟声较黑白碱土为小耳。pH值在八、九之间，潜水面在二公尺左右，土质肥沃，草木茂盛。其在森林或长草丛下者，表土常由牲畜践踏，尿粪与草木枝叶混合，起硝化作用，含大量腐殖质。草木种类较多，以苦豆、野麻、羊脑蔓、红柳、陶来、白刺、芦草、滨草、甘草、骆驼刺、猪食秧及刺儿菜、黄瓜菜、芨芨草等为主。以所含碱量、硬度及水分等不同，多成各种单纯及复合植物社会，尤以戈壁与黑碱滩间过度之斜坡，土质疏松，碱壳微薄，几纯为骆驼刺分布区，间或混入少量之羊脑蔓等。为本区经济价值较高之土壤。

4. 冲积土　此类土壤分布于东西河沿岸及东西海、南河流入海之三角洲上。除河滨有少量粘土晒干龟裂不生草木外，其余皆为质地疏松之沙土，色灰白或灰棕，剖面深厚，潜水面不过二公尺。因近水滨，含多量水份及大量腐殖质，表土经历年放牧践踏，牲畜尿粪及枯枝碎叶等大量混合，极其肥沃。芦草、红柳、胡杨、芨芨等密生繁茂，高达丈余，植物种类复杂，农牧咸宜，为本旗主要牧场，亦可谓额济纳旗之经济基础。

032~039

第三章　交　通

3. 交 通

额济纳旗交通仍保其原始之游牧交通方法，以驼、马为主，牛车仅限极少地区，汽车虽可勉强通行，尚无固定路线，水空航运及铁道概付缺如，是则有待于当地政府之积极兴建以利商旅之往来也。

第一节 汽车

戈壁以硬度可分为软、硬二种。硬戈壁坚硬平坦，汽车可自由行驶而无阻；软戈壁表面石砾层薄，下为软沙，汽车颇难通行。本旗戈壁虽大多为硬戈壁，惟河流皆为沙底，水量无定，汽车不能过河。而戈壁之中，又常有沙窝碱滩，非熟悉当地详情者引路，不能绕过。兹将已通行汽车之路线概况，略分述之。

一、 绥新汽车路

由绥远之包头穿阿拉善旗北部，入额济纳旗，至东河东支流下流东岸之乌兰爱里根，更北折绕居延海北，经西海西岸之乌兰川景西行，经新疆之镇西、巴里坤而达迪化。全程皆为戈壁，新绥汽车公司昔有定期班车，为新疆对北京、天津交通之唯一捷径。但沿途少人烟，戈壁连天，极其荒凉，旅客必带饮食帐幕等，方能通过。抗日战争时，京津包头相继沦陷，货运既阻，商旅减少，汽车亦曾停驶。

二、 额肃线

此路由酒泉北大河西岸经西巴格楞、西伊、天仓等地，沿额济纳河北行，直达老西庙而至建国营，全程八百余市里。南段由西伊到天仓间，有许多沙窝及软戈壁，沙门子及红沙窝等地，皆为宽十里而无法绕过之沙漠，必由当地熟悉地形之居民引导，绕道回避及择沙窝低狭之处用木棒协助，始可越过。否则必陷入沙漠之中，进退两难。至木棒之用法，系当汽车陷入沙漠或软戈壁中时，因质地太软，马达发动，车轮虽转，只向下陷，而不能前进，且车轮愈转，下陷愈深，卒至不能转动，此时用木棒二根，分别纵垫于后轮双胎之间，汽车即可爬出，如用木棒四根，即可连续前进。木棒以直径十五公分，长六七尺为宜，系汽车穿越沙窝之唯一利器。车行此段，最好再带厚木板两块及铁锹等物，若遇沟道，随时搭桥挖坡，方便殊多。近河岸处，因多沙窝，故汽车可行之路，多远离河岸数十里，途中无人、无水、无柴，必带充足之水、柴、食物等始可启程。全程正常三日可达。此道并无轨迹可循，前车之轮迹，多为风沙埋没而不可见，仅知由此一带可行汽车而已。若无熟习地形者带路，极易迷失而生危险，行至半途而返回者极多，后来者慎之！

三、额库线

此道由北境之策克，经蒙古人民共和国边境之哦包图卡，直达库伦，全系硬戈壁，平广千里，汽车依罗盘仪方向行驶极易，在额济纳旗境者，尚无路迹，而在蒙古境内者，因车辆往返频繁，已压成固定路迹。

四、其他

本旗多硬戈壁，汽车能通行之处颇多，因昔无试行之机会，故尚不知路线，如额济纳河东岸全为硬戈壁，若能略加人工于狼形山下，修筑便桥，通过东河，可为极良好之汽车道。

第二节 大车

大车普通多为牛车，马车较少。昔时天仓、双城子一带居民入额旗南部运柴者，压有紊乱轮迹，而无固定道路。至一九三八年军队驻防额济纳旗后，由河西的金（塔）、鼎（新）二县运送粮草，车队往来不绝于途，沿河两岸已压成固定路迹两条，由金、鼎二县直达建国营。东道由狼形山北越过东河，沿西河东岸而行。年来由建国营至旗政府间，亦压成大车路迹一条。

河西牛车系木制双轮大车，轮高约五市尺，以便渡河，普通以一牛或二牛拉之。赴额济纳旗者，由酒泉前往，全程十八日始达，往返需四十日；由鼎新往，需十四日，往返三十日。中途无购草粮处，故必带全程需要之食品用具及畜料与一部畜草，致载重量所余无几，每车仅能运粮一二石或一二人，夜行昼息，每日晚五时后行，至夜十一时前后约行二三十里，寻水草处休息饲牛；至夜二时前后再行，日出时约走二三十里，寻有水草处停车，驱牛于草原自行游食，人则拾牛驼粪或木柴取水造饭，食毕睡觉；下午二时许又造饭，食毕驱牛于河边或池畔饮水饲料，随即套车，虽日将衔山，而仍于红光普照中继续行程。此因戈壁中昼间太热，牛畏热难行，又因途长，日久不能全带草料，而戈壁中有水草处不多，每段必行及水草处始可休息、放牧及饮食，此水草处即谓之站。如误越站址，稍迟日出，牛乏天热，车不能进，欲息又无水草，人畜均无法饮食，故每日仅能行四十至六十里。此类之站，多依地形而名，尤多蒙名，今地图上沙漠中所见之黑点注有地名者即是，均有水草骆驼粪（沙漠商旅之主要燃料），并无人烟，原为骆驼站，近年始停牛车。

大车渡河尤其困难，因河床皆系软沙，河水深浅及水道之位置，随时变动。车将渡河前，必令牛饱饮休息，然后于车队中选壮牛二三头拉一车，每车再以四人至八人辅之，先由一人渡水踏探河底深浅，选平而浅处，一鼓而过，再返回辅渡他车。若中途稍迟，车牛俱陷泥沙中，不易拔出，尤以水大时，牛于水中仅露其头，无力拉车，人畜均易生危险。故渡河以日间为宜，单车前往者殊少，即在鼎新附近，牛车渡黑河时，单车常在河岸候数车互助同过，否则水大时，单车至少由八人辅助之，始可渡过也。

大车多昼息夜行，不易分辨路迹，且常遇行错道者及运柴之支道，若误失正道而入大戈壁中，不明方向，更不知何处有水草，易生危险。故亦必有熟悉道路者带路，循正道而知行止，依站前往，始可计程安达也。

第三节 骆驼

额济纳旗对内外交通主靠骆驼，每驼可负四百余斤，负货法以粗麻布与羊毛做褥二方垫于驼峰两侧，外夹木棒两根于双峰前后棒端，紧系以绳，使牢夹峰侧，褥高齐峰为鞍，货物即架系鞍上，牵鼻绳以驭之。骆驼性驯良，普通以后驼鼻绳系于前驼鞍上，十驼左右联成一小队，以一人骑驼拉之，尾驼带铃，行时叮当有声，若某驼绳脱，即立而不前，其后皆止，铃声随息，拉驼者因而知之。每连数十小队深夜旅行，沙漠中铃声叮叮当当如击锣鼓，声势浩大，步伐稳整，极富任重负远之精神。

骆驼于端阳之后，因天热脱毛，不可应用，均放入牧场休息，称为“入场”。直至中秋后，毛已生出，驼已肥壮，双峰直立，即可应用，谓之“出场”。每年休息四个月。新出场之驼，必要时可耐二十余日不进水草而照常负货前进，普通均可耐周余，不食水草，故称沙漠船，为沙漠之宝。

骆驼途中不带草料，每日十一时后启程，每行十里稍息片刻，令驼小便，直至夜深，遇适当水草处而止，此时令驼卧下卸货休息，人张幕吃饭就寝，次晨日出后，草干即放驼吃草（骆驼吃湿草易生病），至十一时前后再行，天热时亦常夜行，昼息放牧，亦有如牛车之行法者，每日通常约行八十余里，逐站而息。因其无饲料费用，故运费较低。

骆驼多走大沙漠中，既无路迹，亦常夜行，沙漠中少阴天，普通多仰观北斗，俯察地形，辨别方向前进，如航海然，可谓“航漠”。非极熟悉道途者，不敢带路，否则误入大沙漠中，沙岭连绵，不易寻路而出，每被干死。如过大风，沙土飞扬，方向不明，亦必暂停，待风势稍弱，始可辨别方向而继续进行也。

拉驼者衣无面羊裘，卧时兼作被褥之用，并带干粮炒米（黄米）生羊毛羊肉茶叶等，风餐露宿，终年奔走大戈壁中，生活可谓勤劳矣。

本旗主要驼道有六条，简列如下：

1．额阿宁驼道　由额旗乌兰川景起，经阿拉善旗至宁夏省城止，全长一三二五里（市里，下同），沿途主要站名及里程如下：

乌兰川景 $\xrightarrow{(80\text{市里})}$ 巴达必儿格 $\xrightarrow{(60)}$ 托来图 $\xrightarrow{(60)}$ 包罗川景 $\xrightarrow{(50)}$ 石层子 $\xrightarrow{(50)}$ 达来呼克图 $\xrightarrow{(60)}$ 沙枣泉 $\xrightarrow{(80)}$ 拐把泉 $\xrightarrow{(95)}$ 定丐胡桐 $\xrightarrow{(20)}$ 呼层素 $\xrightarrow{(30)}$ 笔架山 $\xrightarrow{(30)}$ 乏牛坡 $\xrightarrow{(50)}$ 三个井 $\xrightarrow{(20)}$ 到本梱桐 $\xrightarrow{(20)}$ 哈拉门台 $\xrightarrow{(40)}$

到布尔克$\xrightarrow{(50)}$东干乌苏$\xrightarrow{(70)}$扫克图$\xrightarrow{(70)}$陶来罗汗托罗盖$\xrightarrow{(90)}$于主陶来$\xrightarrow{(80)}$苏木图$\xrightarrow{(80)}$定远营$\xrightarrow{(70)}$贺兰山$\xrightarrow{(70)}$银川

2. 额金肃驼道　本道由老西庙起，经金塔县至酒泉止，全长七四〇市里，沿途站名里程如下：

老西庙$\xrightarrow{(80)}$东木大苏勒$\xrightarrow{(80)}$乌花格$\xrightarrow{(90)}$狼形山$\xrightarrow{(40)}$察汗套环$\xrightarrow{(40)}$沙夹道$\xrightarrow{(20)}$红沙窝$\xrightarrow{(30)}$苍吉图$\xrightarrow{(80)}$大湾城$\xrightarrow{(20)}$沙门子$\xrightarrow{(20)}$天仓$\xrightarrow{(40)}$营盘$\xrightarrow{(40)}$头墩$\xrightarrow{(70)}$金塔$\xrightarrow{(60)}$临水$\xrightarrow{(30)}$酒泉

3. 额鼎驼道　由额旗至鼎新，全长二三〇里。

老西庙$\xrightarrow{(250)}$狼形山$\xrightarrow{(30)}$老树窝$\xrightarrow{(30)}$赛湾$\xrightarrow{(20)}$日墩子$\xrightarrow{(50)}$地湾$\xrightarrow{(20)}$马莲井子$\xrightarrow{(20)}$双城子$\xrightarrow{(60)}$鼎新

4. 额甘驼道　由额旗经鼎新之双城子至甘州（张掖），全长四二〇里，路程如下：

老西庙$\xrightarrow{(420)}$双城子$\xrightarrow{(50)}$沙井子$\xrightarrow{(60)}$夹湾$\xrightarrow{(60)}$苇坑$\xrightarrow{(50)}$大山口$\xrightarrow{(70)}$沙枣泉$\xrightarrow{(50)}$梧桐泉$\xrightarrow{(50)}$照壁山$\xrightarrow{(50)}$本上梁$\xrightarrow{(90)}$甘州

5. 额高驼道　由额旗经沙枣泉至高台，全长四六〇里，路程如下：

老西庙$\xrightarrow{(290)}$沙枣泉$\xrightarrow{(60)}$四坝$\xrightarrow{(60)}$山处$\xrightarrow{(50)}$高台

6. 马古驼道　由马莲井子至古尔乃，全长三〇五里，冬季亦可行大车，路程如下：

马莲井子$\xrightarrow{(60)}$小湾$\xrightarrow{(50)}$大各酒$\xrightarrow{(45)}$灰场子$\xrightarrow{(45)}$魏家干$\xrightarrow{(45)}$青米井$\xrightarrow{(60)}$古尔乃

7. 额旗外蒙驼道　由老西庙经旗政府策克入蒙古人民共和国，通常有三路如下：

（甲）老西庙$\xrightarrow{(80)}$刀劳卧铺$\xrightarrow{(80)}$旗政府$\xrightarrow{(40)}$哈尔哈庙$\xrightarrow{(40)}$策克

$\xrightarrow{(50)}$陶来山丹$\xrightarrow{(60)}$哦包图卡$\xrightarrow{(?)}$库伦（本路与汽车路同）

（乙）策克$\xrightarrow{(50)}$巴布海井$\xrightarrow{(?)}$巴拉尔赫$\xrightarrow{(?)}$廓尔巴赛$\xrightarrow{(?)}$板身图庙

（丙）策克$\xrightarrow{(50)}$陶来山丹$\xrightarrow{(?)}$黑稍图$\xrightarrow{(?)}$乌兰

第四节　邮电

额济纳旗设有二里子河电台，在老西庙附近，兼办邮政代办所及小额邮汇业务，信件由金塔县邮局转，有邮差一人负责金塔、鼎新、老西庙及旗政府间邮件之传递，骑驴传送，约两周可传送一次。此外，更有军用无线电台若干台之设置。

040~047

第四章　居　民

4. 居民

第一节 宗族

额济纳旗居民以蒙古人为主，汉人次之，其他人极少，兹分述之。

一、蒙古族

蒙古人中以旧土尔扈特人为主，外蒙人次之，阿拉善旗人、青海蒙古人与新疆蒙古人等均甚少。

1. 旧土尔扈特人　元初定都图拉河时，于今蒙古人民共和国以西，天山以北，设驼马牛羊四大牧场，各置牧官，管理其后裔，繁衍分为四部，曰准葛尔、土尔扈特、和硕特及杜尔伯特等，即史书所称之四卫拉特，或四瓦特，或称额鲁特四部等。各领所部，不相统属。

土尔扈特（西文Turgut），其祖为元臣翁罕，牧居雅尔所属之额什尔努拉地方，即今新疆西北塔尔巴哈台一带，六传至玛哈齐蒙克，生子二：长曰贝果鄂尔勒克；次曰翁贵。贝果鄂尔勒克生子四：长曰卓立甘鄂尔勒克，次曰卫衮来布察齐，三曰保兰阿噶勒琥，四曰莽海其。卓立甘鄂尔勒克有子一，曰和鄂尔勒克。和鄂尔勒克有子六：长曰书库尔岱青，次曰伊勒登诺颜，三曰罗卜藏诺颜，余三人无嗣不著。当和鄂尔勒克长土尔扈特时，准葛尔部酋长巴图尔珲台吉，恃强轻侮诸部。和鄂尔勒克不堪其压迫，乃率部徙于中亚细亚之东北地方，过吉尔吉斯入俄境，此明崇祯三年（一六三一年）事也。五年后更率全部二十余万人，携五万之帐再渡卫巴河，纷入后窝瓦河之旷野而占领之，并劫掠附近俄属各部。时俄波交战方殷，俄不能分兵东顾，和鄂尔勒克益加跋扈，竟战死于阿斯打拉坎，部下稍有散离，略失进取之势。至清顺治十一年（一六五九）遂属于俄国。后劫掠益甚，因曾数出兵助俄皇征战，故仍得俄政府之优遇。惟其政教上常与清朝往来，特慕故国，和鄂尔勒克之诸子书库尔岱青等，均先后遣使进贡清廷，联系不绝。

书库尔岱青有子四：长曰棚楚克，次曰那木策楞，余二子无嗣。初书库尔岱青为子棚楚克，纳巴图尔珲台吉女为妇，生子阿玉奇育于巴图尔珲所，及和鄂尔勒克与巴图尔珲交恶徙牧时，因阿玉奇尚在襁褓，故未携往。及书库尔岱青嗣为部长，仍赴西藏熬茶（熬茶为布施之一种，以茶布施僧人用以修行）供佛谒达赖喇嘛，途经准葛尔，遂索阿玉奇以归。书库尔岱青卒，棚楚克嗣，棚楚克卒，阿玉奇嗣，遂称“汗”号。其后土尔扈特与准葛尔仍通婚媾，保持戚党关系。策妄阿拉布坦尝乞婚于阿玉奇，阿玉奇妻以女、其子衮扎布台吉（或称散扎布），以与阿玉奇意见不合，遂携众万五千人从往。葛尔丹之败，阿玉奇遣宰桑以所部兵千人防诸阿尔台（即阿尔泰山一带）之土鲁图，是土尔扈特虽远徙异域，对准部军务尚常协助也。时策妄阿拉布坦以清军获捷遣使庆贺，阿玉奇亦遣使随行，盖此时土准二部尚敦睦亲善也。

葛尔丹既灭策妄，谋并诸卫拉特，始与阿玉奇构衅，留衮扎布不遣，阿玉奇强索之，乃逐衮扎布归，而尽没入其从户，由是积怨愈深。准部为东通中国西藏必经之地，阿玉奇既与准部交恶，其与东方之关系，亦渐疏矣。

康熙四十年时，阿玉奇嫂携其侄阿拉布珠尔（系阿玉奇兄那咂尔麻木之子）入西藏朝佛，归途为策妄所阻不得还，遂率其所从，内附于清。康熙四十三年，清封阿拉布珠尔为固山贝子，并赐嘉峪关外党色尔腾地供游牧。康熙四十七年（一七〇九）阿玉奇以其侄久留不返，乃遣萨穆坦（西文作Sulmtan Kulyukoffg）东来探望，翌年抵京，清廷亦于五十一年遣图理琛报聘。

图理琛于康熙五十一年五月离京，五十四年三月返国。因当时准葛尔绝清，故取道俄罗斯境，后以沿途见闻著《异域录》一书，备述道里山川民风物产应对礼仪等。据《异域录》载土尔扈特西迁后驻牧地云：

> 土尔扈特国王阿玉奇汗游牧地方，在俄罗斯国界萨拉托付（即Solatov）之东南，俱旷野，西北两面有佛儿格（即Volga R.），即厄济尔河环流东入滕纪斯湖（即里海），厄济尔河宰河俱向南流，归入滕纪斯湖，沿厄济尔河俱林木，有柞杨桦丛柳，自萨拉托付以至阿玉奇汗所居马驽托海（魏源《圣武记》卷四《乾隆新疆后事记》以为滕纪斯湖即马驽托海之误）地方，其间有三道，塔尔鲁河……询阿玉奇汗游牧地方之大小，东西可行三十日，南北可行二十日（见《边政公论》二卷三、四、五合刊二十七至二十八页）。

阿玉奇生子八：一曰衮扎布，二曰沙克都尔扎布，其余六子无嗣。衮扎布生子惇啰布喇什，其间虽准葛尔阻道不便进贡，而对清廷倾向之心，未尝稍变也。

雍正年间，俄发苛令，禁其剽掠并查其部落，设诸法以羁束之，且欲改其宗教为基督教，土尔扈特部因渐厌恶之，慕清之念益炽。

至惇啰布喇什之子渥巴锡（或作乌巴锡）登汗位时，因俄人不承认其汗位，乃心怀不平。适清与准葛尔战争告终，伊犁亦被清收入版图。有土尔扈特之族人舍棱逃至窝瓦河，归渥巴锡，并告以准部正衰，可乘虚入而据之，兼雪前耻。渥巴锡遂于乾隆三十六年（一七七一）率全部三万余户六十万之众，启程东返，沿途劫掠，并残破城池四处，俄出兵追之不及，仅获其少数落伍者而回。

当其过吉尔吉斯旷野时，受吉尔吉斯人之劫掠，遂与之战于巴尔克什湖南，大败，人畜俱失其半，翌年六月初始达伊犁。时准部已平，伊犁属清，无地可据。乃以俄国非兴喇嘛教之地为辞，来归清朝。清廷许之，分其部为新旧二部：旧土尔扈特部由渥巴锡率领，并分其部为东西南北四路。以舍棱招致渥巴锡内附有功，使领新土尔扈特部，并划阿尔泰山以西及伊犁、库车间为其牧地，各设扎萨克，归伊犁将军节制。

阿拉布珠尔自封贝子后，被清廷留牧嘉峪关外，未随萨穆坦及图理琛西返。康熙五十三年长子丹忠袭，雍正七年晋多罗贝勒，雍正九年清廷赐额济纳河一带为牧地，遂徙牧额济纳河沿岸。乾隆十八年（一七五三年）编为独立旗，授给扎萨克职，始称额济纳，旧土尔扈特旗直属理藩院。后其由俄返新疆之族人，续有迁牧额济纳者，并加繁衍，直至今日。

2. 外蒙人于一九二七年，有移住于本旗者，但为数不多。

3. 其他　新疆及青海之土尔扈特人及阿拉善霍硕特旗人等，间有之，共仅数人耳。

二、汉族

汉人之入额济纳旗者，除兵士外，主要为经商，其中以河北饶阳等县人最多，山西及河西民勤、张掖等县人次之。其次为代蒙人放牧之牧夫，以金塔、鼎新人为主，尤以天仓及双城子人为最多，普通十余岁入额旗受雇，年壮稍有积蓄而归，亦有娶蒙妇年老不归者。再次为公务人员，所有行政机关，约十单位，其中办公人员除极少数蒙人外，十九为汉人。

第二节　人口

一、户口数

额济纳旗向有“人不盈千，户不满百”之称，可知其户口概况。据一九四四年夏旗政府调查，全旗蒙民共一九七户。其中“黑人”（即不当喇嘛之人）一九四户，三喇嘛庙各算一户。蒙人共九四三人，其中喇嘛一四一人，黑人八〇二人。黑人中男三一四人，女四八八人。

汉人在额济纳旗者，因多处特殊地位，与旗政府少直接关系，故旗政府对汉人除与蒙民发生争执外，向不过问，未加统计。据著者估计，蒙民雇用汉人充牧夫者约占总户百分之七十，故全旗牧夫约有一四〇人。商人以前颇多，近年因商业萧条，日渐减少。据一九四四年春额旗商会调查，仅余四十五户七十一人，全无眷属，公务人员

（军队除外）共约十单位，平均每机关以五人计，共约五十人。以上合计共约二六一人，其中全系男子。前虽有五六女人（家眷）及数小孩，至一九四四年九月后，均相继南返，已无一女人矣。

由上可知额济纳旗户口共约一五二户（其中庙宇及机关皆以一户计），一二〇四人，男七一六人，女四八八人，为明了计，兹列表如下。

额济纳旗户口概况表（一九四四年调查）

<table>
<tr><th rowspan="2">族别</th><th rowspan="2">类别</th><th rowspan="2">户数</th><th colspan="3">人数</th><th rowspan="2">备考</th></tr>
<tr><th>合计</th><th>男</th><th>女</th></tr>
<tr><td rowspan="3">蒙古族</td><td>黑人</td><td>一九四</td><td>八〇二</td><td>三一四</td><td>四八八</td><td rowspan="2">每百女子当六四男子，平均每户四一三人</td></tr>
<tr><td>喇嘛</td><td>三</td><td>一四一</td><td>一四一</td><td>–</td></tr>
<tr><td>小计</td><td>一九七</td><td>九四三</td><td>四五五</td><td>四八八</td><td>每百女子当九三男子</td></tr>
<tr><td rowspan="4">汉族</td><td>牧夫</td><td>–</td><td>一四〇</td><td>一四〇</td><td>–</td><td></td></tr>
<tr><td>商人</td><td>四五</td><td>七一</td><td>七一</td><td>–</td><td></td></tr>
<tr><td>公务员</td><td>一〇</td><td>五〇</td><td>五〇</td><td>–</td><td></td></tr>
<tr><td>小计</td><td>五五</td><td>二六一</td><td>二六一</td><td>–</td><td></td></tr>
<tr><td></td><td>总计</td><td>二五二</td><td>一二〇四</td><td>七一六</td><td>四八八</td><td>每百女子当一四七男子，平均每户约四人</td></tr>
</table>

二、人口密度与变动

1. 人口密度　额旗全面积约五十万方市里，共仅一二〇四人。平均每人占四一四方市里，每市里〇.〇〇二四人，惟全境多戈壁，人口均集中于额济纳河两岸水草地中，全旗水草地共约二六〇〇〇方市里（参阅第六章第一节），平均每二七五七方市里水草地一人，每方市里水草地〇.〇〇五八人。

2. 人口变动　汉人在额济纳旗者，几全系男子，虽有少数牧夫与蒙妇同居所生子女，蒙人亦视为蒙古人，而蒙人与汉人正式结婚者殊少。故其人口之增减，以移出移入为主。抗日战争前商人较多，公务员甚少。近年商人大减，而公务员骤增，牧夫则无多变动。

048~055

第五章　政治宗教

5. 政治宗教

第一节　政教关系

额济纳旗政教分立，互不相属，扎萨克[①]总理全旗行政，但范围仅及黑人[②]而无权过问喇嘛[③]，活佛[④]总理全旗宗教而不管黑人。政治与宗教发生关系时，或请求协助或请求禁做等，则由扎萨克与活佛互相商酌办理。活佛尊重扎萨克之行政权，扎萨克亦笃信佛教，尊重活佛之地位，但不得为喇嘛。

第二节　政治

一、行政系统

蒙人政治向以旗为行政单位，集若干旗而为盟，本旗为独立旗而不编盟，与阿拉善霍硕特旗同。清时直属理藩部，国民政府时代直属行政院蒙藏委员会。一九二八年后虽划归宁夏省域之内，并曾有置居延设治局之议，迄未实现，致行政上与宁夏省政府，并无隶属关系。现暂归甘肃代管。

旗设旗政府，为全旗最高行政机关，下设四巴格，分理各区政务，每巴格下设达尔盖若干人，每达尔盖为一十户之长，其下即为

①扎萨克即旗长，《清代边政通考》十页“旗各建其长曰扎萨克而治其事”。
②黑人即不当喇嘛之人。
③喇嘛即和尚。
④见本章第三节末段。

人民。

二、旗政府组织及政务

额济纳旗政府之组织，与其他蒙旗略同[①]，惟因旗小人少而事简，故组织较为简单。旗政府设扎萨克一人，总理旗务，下设管旗章京一人，副章京一人，梅林二人，参领三人，佐领三人，昆都二人，笔帖式三人，聂尔巴二人。依清律规定，扎萨克原封贝勒爵[②]，民元曾晋郡王加亲王衔，世袭制。管旗章京及副章京佐扎萨克襄理旗务，梅林为旗政府之实际工作人员，参领、佐领、昆都等原属武职，因旗之编制本为战斗之基本单位，故虽在承平时代，仍列入旗政府编制之内。为明了计，兹将旗政府组织，列表如下：

职别	扎萨克	管旗章京副章京	梅林	参领	佐领	昆都
人数	1	2	2	3	3	2
职务	旗长	襄理旗务	分理旗务	军职	军职	军职

另设笔帖式三人司文书，聂尔巴四人司杂务，领崔色什户三人，充差役等。惟本旗以人少事简，故平时扎萨克及各官均不到旗政府办公，每二月轮流派一官员值班，处理旗务，谓之“坐印”，遇大事召开旗务会议处理之。

旗务会议由管旗章京以下官员及牌盾与哈文（皆郡王府官员，见下段）等组织之。由管旗章京主持，采谈话方式，各官员发表意见

①《清代边政通考》二二页——二三页，置扎萨克之辅曰协理台吉，其属曰管旗章京、副章京、曰参领、曰佐领、曰骁旗校。凡旗众各分以佐领。管旗章京一人，副章京而下，视其佐领之众寡而设之。“副章京十佐领以下之旗设一人，以上设二人”，协理台吉旗各异其额焉。

②凡内扎萨克之爵，其等有六：一曰亲王，二曰郡王，三曰贝勒，四曰贝子，五曰镇国公，六曰辅国公，不入于六者曰台吉塔布囊。

后，章京参酌各方意见，裁决而记录之，再面呈扎萨克核准后施行，否则重议。惟此类决议大多即成定案，呈核仅形式而已。

扎萨克依惯例，总理旗内军政，职权重大，近年因社会相互关系日繁，对外交涉渐多，故前扎萨克图布升巴雅尔时，增设代表一官，对外代表扎萨克办理一切外交事宜，并襄理旗务，由苏裴然君充任。苏君辞职后，该职取消而增设秘书一人，对内襄理旗务，并兼理外交事宜。

地方行政，全旗分设达尔盖十人，执行地方政务，因人少事简，并无明确巴格之区划，亦有谓分为四巴格者，勉强言之，可依东西两河之上下四段为中心而划分之，名之为东河上巴格、东河下巴格、西河上巴格与西河下巴格等。但事实上无此需要，故既无明确界线，亦无负责人选也。

本旗各级官差人员，全系义务职，不支薪俸，仅扎萨克领中央薪俸与年节受人民之馈送，其家务之料理，如放牧牛羊等由人民轮流代理，此外无任何特殊待遇，虽身为郡王台吉，亦常出外牧马牧羊与民众同。

三、郡王府之组织及扎萨克郡王之世系

1. 郡王府之组织　本旗郡王府之组织，极其简单，郡王下设牌盾二人，哈文一人及聂尔巴二人，另有卫士十名，由牌盾统辖之，郡府之其他工役均由人民轮流值差。

2. 扎萨克郡王世系　额济纳土尔扈特旗扎萨克，其先于一七〇四年（康熙四十三年）封翁罕后裔阿玉奇从子阿拉布珠尔为固山贝子赐牧党色尔腾，一七一六年（五十五年）长子丹忠袭，一七二九年（雍正七年）晋多罗贝勒，一七三一年（九年）徙牧额济纳河，一七四〇年（乾隆五年）长子罗卜藏达尔扎袭，一七五三年（十八年）授扎萨克，一七六七年（三十二年）长子旺札勒车凌袭，一七八三年（四十八年）诏世袭罔替[①]，一八一〇年（嘉庆十五年）次子端多布车林袭，一八一二年（十七年）子巴雅尔莽柰袭，一八四一年（道光二十一年）子达什车楞袭，一八七三年（同治十二年）子丹津袭。再传为第九世贝勒，生子七人，长子袭，为第十世贝勒，传其子第十一世贝勒时，其叔阿克为管旗章京专政，十一世贝勒乃遁入空门，惟其时季叔达什谋杀其兄阿克而袭爵，是为十二世贝勒。

額濟納土爾扈特旗札薩克世系圖

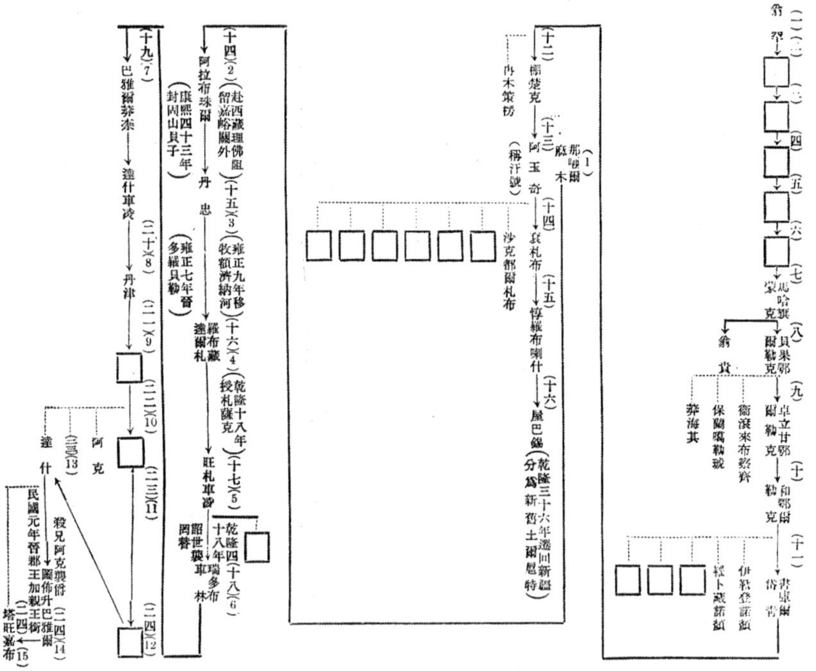

①世袭罔替，清制凡爵皆有袭次，其永远世袭不计次者，则特加“世袭罔替”字样。

一九一二年（民国元年）晋郡王加亲王衔。一九三〇年（民国十九年）长子图布升巴雅尔袭为扎萨克郡王，一九三八年（二十七年）三月卒。同年七月当局派图王之弟塔旺嘉布继任扎萨克。为明了计，兹绘其世系图如前。

第三节　宗教

一、喇嘛教之由来与信仰

南北朝末叶，西藏盛行蓬教，系崇鬼神之邪教。唐初弃宗弄赞遣使至印度求佛典，为佛教入西藏之始。玄宗天宝六年西藏王玑尔孙惕安时，北印度乌仗那之僧散汰喇葛塔及巴突玛散摩叭都至西藏传密教（豨以教之一派，崇三头六臂之豨以神），与当地邪教混合而产生喇嘛教[①]。蒙人入西藏后，遂挟喇嘛教而归。元世祖忽必烈藉武力统一中国，利用宗教以服民心，乃委大喇嘛以西藏之政权，更崇为帝师法王，广布教于大陆，蒙人无不诚信。

明末和鄂尔勒克虽逃入俄境，仍笃信不变，清乾隆时，因俄人欲改其宗教而逃回，足证其信仰之深。清廷更用喇嘛教以羁縻蒙人，多方劝诱，信之弥笃，今除蒙古人民共和国废除喇嘛教外，其余蒙人，自王公以至民众，无不深信。一切自然人为之事件，均委之于佛，凡属灾、害、疾病、祸、福、吉祥与婚、丧等，皆认为佛赐佛罚，吉则念经以谢之，凶则念经以求解除。为表其敬佛至诚，更不惜任何牺牲，每为朝拜佛教圣地，如青海之塔尔寺、山西之五台山、西藏之拉萨等，致倾家荡产，或牺牲生命等，往往有之。

---

①见《边政公论》一卷七、八期八十五页。

二、喇嘛

喇嘛二字本为其教僧正之尊称，习用既久，遂为普通喇嘛教徒之称号。元明史中作“喇马”，为见于《中国史传》之始，西番语“上”曰“喇”，“无”曰“嘛”，喇嘛乃“无上”之意，即梵语“兀吠喇”，亦犹吾人称僧人方上下之意也。喇嘛自称其教曰佛教或佛陀教而不曰喇嘛教，故喇嘛即内地之和尚也。现全旗喇嘛共有一百四十一人，按清朝定律，喇嘛不应差役，不纳税捐，不属政治系统，处超然地位，在各阶级之上，蒙人趋之若鹜，以当喇嘛为荣。凡家有二子者必以一子充喇嘛，三子者二子充喇嘛，甚有少数独子亦上庙当喇嘛，更有不惜巨资愿送一子当喇嘛以为荣者。

喇嘛有住庙与不住庙之分，前者为纯粹之喇嘛，终年住庙念经拜佛，或赴青海西藏等地大庙拜佛学经，颇为众所崇敬，在社会上有相当地位。后者除年节念大经时住庙外，其余时间均住家中或别处。喇嘛非如内地之和尚出家即无家也。各喇嘛家中均有经典，亦可随时念经，敬佛与住庙同。不住庙喇嘛亦有称之为黑喇嘛或野喇嘛者。

三、喇嘛庙及喇嘛之管辖

额济纳旗有喇嘛庙三所，曰东庙、西庙及哈尔哈庙。东庙原在东海南二十里，有高楼大厦之建筑。西庙位西河中流东岸，筑有洋楼两所，亦富丽堂皇，今其中喇嘛及器物均已迁至青山头，另造庙宇，故称原地为老西庙，而青山头者为新西庙。老西庙房舍除楼房保留外，所有平房全被喇嘛拆运青山头，新西庙之房舍由高台匠人承筑。一九四四年底竣工。哈尔哈庙系外蒙迁入的喇嘛所造之庙，位旗政府与东庙之间，房舍矮小而简陋，人数亦少。今将各庙概况列简表如下：

庙名	地名	建立时期	喇嘛数	备考
东庙	东海南三十里	清末	四十五人	
西庙	青山头	一九四四年	六十四人	由老西庙迁移
哈尔哈庙	旗政府北二十里	一九二七年	三十二人	

全旗喇嘛均分属此三庙，各庙均有大喇嘛及二喇嘛等，分别管理庙务及喇嘛之念经化缘与赴俗家诵经等，因蒙人信仰过深，多乐于捐赠，致喇嘛之生活超过一般黑人之上也。

额旗有一活佛，总理全旗教务，迷信活佛为永生之神，其所寄居肉体衰老圆寂之时，随即转身，今额旗活佛已转生多年，唯尚未寻到，全旗僧俗正急切注意中。

056~086

第六章　经济

6. 经 济

本旗因交通不便，文化落后，致人民生活仍保留原始游牧阶段，天然森林多未利用，农垦不兴，近年始有少数汉人试种园艺作物，成绩颇佳。商业尚在物物交易时期，盐碱等虽随处均有，但未正式开采，储量暂难估计，其他富源甚少。兹分述之。

第一节 游牧

蒙人以游牧为生，逐水草而居，故其经济基础，即建立于家畜与牧草之上。普通蒙人相见时，首先问牲畜好否？次问牧草好否？再问人口居住，然后始论正事。又蒙人之论贫富皆以牛羊若干头，驼马若干匹为标准。如农业区中之言田舍、工商家之言资本也。入其境者，但见驼马成群，牛羊盈野，则少见其他事业。

一、家畜

1. 家畜种类，以羊为主，牛马次之，骆驼近年始渐增多。

（1）羊　羊分绵羊与山羊二种，绵羊产毛量多，而肉肥美，因其价高易病而难养，故不如山羊之多。绵羊属蒙古种，尾大，下端或圆或尖，尾较同州羊尾为小，体高普通二尺左右，体重约四十余斤。公羊有角粗大，由后弯下向前曲伸。蒙人不知育种，故色不纯。母羊头部多带黑花。产毛量平均每年每只约合二市斤半。山羊因价廉壮健少病而多乳，故蒙人多喜养之，普通体高二尺左右，重约二十五至三十余市斤。角直向上，白色者多，黑色者少，花头白身者亦有之。

产毛量平均每年每头约合四市两。母羊产乳量每日约合六市两，每年产乳期约为半年。

（2）牛　属中形牛，略小于徐州牛而大于陕甘牛，普通高约三尺半左右，长约三.八尺左右，头颈粗短而肩平。公牛有角，向外前方微弯，粗而短，长约半尺，角基部直径约寸半。貌极威武，腿粗而短，腹部离地约二尺余。色黄褐黑花等不一，粗壮而强健。河西农民购充役用者，成绩颇佳。蒙人多乳食兼用，而鲜用其力。

（3）马　体高约四尺余，长约五尺余，腿粗短，颈短，毛粗，形不美而健壮，极耐劳苦，为蒙人夏季骑乘之主要交通工具。良马奔起，四蹄稳匀而迅速，可日驰三百余里。普通马盛暑时骑之，常连跑数十百里，遇事下马，随即将马之前蹄用绊马索（即相连之二皮圈）套于一齐，马即直立戈壁沙漠中烈日之下。骑者事毕解圈上马加鞭，又飞穿沙漠而去，达目的地时亦不需遛，入内地后，虽连驰数日，入槽即吃，少生疾病，其健壮耐劳而善驰，军事上常需用之。

（4）骆驼　本旗骆驼多由蒙古人民共和国输入，均系双峰驼，普通高约六尺，健壮耐劳而善走，不愧“任重负远”之誉。每驼可负四百余斤，日行七、八十里至百里。秋季初出场时，可连行二十余日，不进水草，平时可一周不饮食，工作如恒，蹄大而软，毛长绒厚，不畏沙漠与风寒，为沙漠之宝，有沙漠船之称。夜有密事，欲密越某关时将蹄包以毡而摘其铃，驼即知提腿轻步而行，毫无声息，驯良聪敏，由此可知。专驯为骑用之驼，称为走驼，一日可行三百余里。

骆驼除负荷骑乘（蒙人冬季均乘驼）外，又可产毛，平均每驼每年约产六市斤，于端阳后自行脱落，中秋前又生长。秋末交配，每三年生二子，幼驼养六年后，可服役。

（5）其他家畜　狗高达二尺半以上，身长约三尺，健壮高大而凶猛，力可以御狼，主负保护蒙古包之责，因幼无训练，故多不随牧群。

野兽以黄羊为最多，常成群出没于戈壁沙漠中，形似山羊，色褐如鹿，角短而分枝，灵敏善驰，瞬息即逝。狼次之，亦常三五成群而出，偷食羊驼等家畜，为害颇烈。狐又次之，以上三种，蒙人常猎取之。

2. 家畜数量　蒙人因极重视家畜而希其繁衍生息，以多至不知其数为尚，故蒙人讳言家畜之数，以为如可数清，数量即不太多，是以蒙人多不确知其自己家畜之数。外人若问其家畜数，即认为不祥，若代其数之，讳忌尤甚，必加有效之制止，此予调查者以极难解决之问题。

兹就熟习额旗蒙情之汉族公务人员牧夫商人等各方探询之，谓额济纳旗人民颇穷，普通人家只有牛马数头、骆驼数只及羊数十只至数百只等，无马或无驼之家颇多。骆驼昔仅王爷有数头，自外蒙人入境后，带入大批骆驼，近年繁殖，始遍全旗，最富者拥有骆驼二百余头、马三百余匹、羊千余只。兹就前述各方对本旗家畜估计之综合数字，简列如下：

额济纳旗主要家畜数表（一九四四年秋估计）

家畜种类	骆驼	马	牛	山羊	绵羊	驴	骡
数量（头）	三〇〇〇	一〇〇〇	一〇〇〇	二一〇〇〇	九〇〇〇	一〇〇〇	七

3. 家畜管理，蒙人对家畜之管理，极其粗放，仍延用数千年前之原始放牧法。牛马羊驼日出驱出，日暮赶回，露宿蒙古包附近，概

无畜舍。驼马群夏季亦有放牧草原之上，远离蒙古包数十百里，听其游食，而无人看守者，旅程中常见成群驼马，奔驰荒野，不见牧人，亦不遗失。盖蒙人善识蹄迹，若有遗失，能于数百里外，循迹追回而无误故也。

羊牛因欲取乳，故每晚均驱回蒙古包附近，犊牛更以绳系之。羊则于蒙古包附近，以陶来[①]枯枝堆成围墙，高约二尺，成无顶羊牢。秋际初生仔羊，每晚系于蒙古包内与人同居，以免冻死。蒙人多不懂兽医，家畜有病，亦不知隔离医治，只知请喇嘛念经，而听之病死，幸该旗畜病较少，万一有传染病发生，当极危险，此则不可不加以注意者。

二、畜产品

本旗因家畜较少，故畜产品不多，以驼毛、羊毛、乳及乳制品为主，羊皮次之，其他畜皮虽有出产，为量太微，除驼毛及羊皮能出口外，仅供本旗消费。

1．毛类

（1）驼毛　毛类以驼毛为主，每驼每年实际产量虽可达十二斤以上，因放牧时不加注意，骆驼于红柳林中，整日穿奔，驼毛多被红柳枝条拉下。吾人于红柳林中，随处可见枝条尖端，悬有驼毛碎片。凡被红柳拉下者多为较长之绒毛，实属可惜，致每驼每年实收数量，平均仅达六市斤，全旗全年共约产一八〇〇〇市斤。驼毛取下，蒙人又不知分级，致各部毛绒混杂，色泽不一，并沾有尿粪及含大量杂质。所产驼毛全部输出。

（2）羊毛　羊毛分绵羊毛与山羊绒二种，因放牧时不知注意清

①陶来，即胡杨。——整理者注。

洁，致羊常卧于尿粪中，使毛色黄褐而灰黑。剪毛时更不知分级，各部之毛均混于一齐，并含大量之杂质，以减低其价值。绵羊每年每只平均产毛以二斤半计，山羊每只以四两计，全旗全年共产绵羊毛二二五〇〇斤，山羊毛五二五〇斤，所产羊毛全留供各家做毡，以备制蒙古包及铺包内之用。

2. 皮类　皮类以羊皮为主，因蒙人食品以羊肉为主，普通每家每月杀羊一至三头不等，全年全旗蒙人平均每月每户约杀二只羊。喇嘛因吃肉较多，以每三人为一户，计共折合四十七户；汉人吃肉较少，每二机关以一户计，折合五户；连黑人之一九四户，共计二四六户，全年全旗约宰羊五九〇四只，其中山羊皮约占十分之七，故每年约产山羊皮四一三三张，绵羊皮一七七一张。山羊皮多输出，绵羊皮多自留制皮衣之用。

其他大家畜因价值较高，除因疾病死亡者外，殊少杀食，故产皮量甚少，野兽皮如黄羊皮、狼皮及狐皮等均有，产量亦少。

3. 乳及乳制品

（1）乳类　乳类以羊乳为主，牛乳次之，马乳及骆驼乳又次之。羊乳约占总乳量百分之八十以上，全旗共有山羊约二万一千只，公羊去十分之一，母羊不产乳者（小羊等）再去三分之一，产乳者约一万二千六百只，平均每羊每日产乳约六两，每羊产乳期以半年计，全年共约产乳八六二三一三市斤，再加牛马绵羊骆驼乳约二一五五七八市斤，共约一〇七七八九一市斤。所产之乳，有一部分留饲仔畜，故实际供人消费者不足此数。挤乳时持一桶至牛羊乳下挤之，或将羊头相对排成二行，依次挤之。牛马羊乳均混盛一器，挤前亦不知洗乳消毒，混有多量之毛及污物，颇不卫生。

（2）乳制品　乳制品有奶子油、奶皮子、奶查子（酪旦子）、奶子酒等，兹分述之。

①奶子油　又称黄油或酥油，即西餐中所用之奶油，做法将鲜奶盛木桶中使之发酵，另用一木棒，下端钉一木板，略小于桶，放于桶内，不时以手持木棒上下冲击之，使奶起泡沫而分离其奶油，奶油即渐浮于上层，即可取出。此奶子油本质极佳，营养价值高于牛奶之上。惟因乳中含有畜毛及尿粪杂质等，器具亦欠清洁，致发膘臭气味，除蒙人外，多不喜食。若以此奶油溶化过滤，去其中之毛与杂质，再行消毒，则色泽洁白（存过夏季即变为黄色），鲜美可口矣。

②奶皮子　即以奶盛锅中煮沸后，去火放置，乳面凝结一层奶皮，取起凉干而成。奶面又凝一层，如此层层凝结，直至奶质淡至不能凝结为止，与制豆腐皮同，因奶皮子为集奶中精华而成，且经过沸煮消毒，故香美可口，营养价值亦高，为外地人入额旗所最喜吃之物。新鲜者味特佳，放数日后味渐差。如于奶皮之间夹葡萄干及白糖等，其味尤美。带至内地，亦可用沸水冲食。

③奶查子　又名酪旦子或酥酪，即做奶油所余之残渣，普通用手抓成花生大小之块或做成豆腐干形，晒干即成，因原乳既经发酵，而奶中杂质又多留存其中，故味特酸膘臭，为内地人所最不喜食。其营养价值较前者稍差，为蒙人之主要食品。蒙人出外放羊或行远程者，多带一小袋于腰间，骑于驼马之上，饿时随时取食，故蒙人乘马可奔驰竟日而不下马也。

④奶子酒　即以发酵之酸乳，放锅中，锅中放空碗或盆，锅上放一无底木桶，高约尺半，桶上端再放一锅，中盛冷水，于下锅之下，生火加热，酸奶蒸气遇上锅而凝结成液体，沿上锅锅底滴于下锅空盆

中，即为清澈无色之奶子酒矣。

奶子酒含酒精量颇少，味微辣，不会饮酒者亦可饮半斤至一斤而不醉。略能饮酒者常可饮三四斤不醉，唯此酒饮醉之后，可达三日夜而不醒。

⑤奶豆腐　即奶子煮沸后，不取奶子皮，而凝结于溶液中，如豆腐之物，其味鲜美可口。

以上数种，皆为蒙人主要食品，均系零星制造，随制随吃，不知储藏，产量不易估计。

三、牧场

额济纳旗面积虽广，因多戈壁沙漠，牧场并不宽大，主要分布于青山头以北，东西河及其支流两岸十里以内，东西河及其支流长度，合计约一千市里，沿河牧场面积共约二万方市里；东南部古尔乃一带亦有水草，西南东北方向长约三百市里，宽约二十市里，面积约六千方市里（该区为森林，少居民）。与上合计全旗牧场总面积约为二万六千方市里。占额济纳旗全面积百分之五.二，平均每一蒙人有牧场二七.五七方市里。

蒙人游牧虽逐水草而居，并非漫无限制之任意游行，牧场主权属于全旗公有，旗外人入境放牧，必先得旗政府允许，并纳草头税，始可于指定区内放牧。本旗人民虽无规定牧界，但习惯上有固定区域，按季节而移动，夏季为便牲畜饮水，多移近河边，冬季则迁于避风之向阳场所。若任意游动，则特优牧场将有人满之患，易起争执，目前蒙人均集中于青山头以北滨河之区，古尔乃向无人居。青山头北戈壁上虽亦有少量水草，仅作短期游牧之用，尚未可作为正式牧场也。

第二节 森林

额济纳旗森林，主分布东西河两岸十里以内及古尔乃一带，全面积约九千方市里，树种以陶来杨、红柳及梭梭为主。常成单纯林，混交林较少，陶来杨为高大乔木，可充建筑材料。红柳为灌木，主饲骆驼，可称为畜牧林。梭梭为大灌木，木材火力强烈，为良好之薪炭林。其他木本植物虽多，俱系一尺上下之小灌木，疏布戈壁沙漠之中（本节请参阅附录一）。

一、树种及利用

1. 陶来杨　陶来杨属杨柳科杨属，蒙人称“陶来”。以其木材类似梧桐，故河西人称为梧桐，因其与梧桐有别，又生长北区中，故又称为胡桐。复因其属杨类，故亦称之为胡杨，唯不普通。学名 Populus euphrotica。著者觉此树分布虽远及新疆等地，然以黑水为中心，或系原产地，不如竟以陶来杨称之，既属原名，又有种名，是否有当，尚待林学家之议定，兹姑以陶来杨名之。

陶来杨幼时为灌木，多枝条，叶互生而细长，宽约半公分左右，长三公分左右，形如柳叶，色绿。高过一丈时，有主干，径粗四五公分，树身及根部仍多细枝条，树上端叶形放大，长约三公分左右，基部宽约二公分，尖端宽约一公分，此后渐长，树身渐粗而高，细枝条渐少，及径粗达十五公分以上时，树叶全部放开，而为正常之杨叶，直径三至四公分，最大者树身径粗二市尺以上，普通在一.五至二尺之间，高达三丈以上，树身高丈余，惟径粗尺半以上，即中空矣。

陶来杨为沙漠中之阔叶树，既需较多水分，而又必减少蒸发，故其幼时叶狭长以减少蒸发，保持水分，渐长及中年时，叶渐放宽，及至成年，抵抗力及适应性已臻坚强，而叶亦达极宽大之状。

陶来杨均生于水滨沙山上，普通距水二里以内，最远虽可达十里，唯生长不良。着生处因叶阔林茂雄伟，可阻挡大量流沙，落积树下，年久沙增，而成绵延不绝之沙岭。沙堆渐高，树身增长，树长叶茂，沙岭又随之增高，相益助长，沙岭可达十余丈高。树根极深，可直达沙底以下，吸收地下水分。老树枯死倒卧沙岭上，幼树于附近又行丛生。树下皆为干无滴水之流沙，随风起落，故无地可供植物生长。陶来杨生长较稀，普通株距约十至三十公尺之间，于一望无际，人烟绝迹，沙岭绵亘之荒漠中，银白之流沙上，着生广大之天然森林，除极少之芦草间生外，无他种植物，实予沙漠旅客以极大之兴趣。其生长于沙岭下者，林中常杂有少数红柳、芦草及料子秧等，着生于碱湖周者极稀，树下有前述湖滨植物。

陶来杨（胡杨）抗碱性强，能生碱滩中，树中含碱分颇多，树干裂口处常分泌一种碱液结晶，保护伤口。此种碱色白成块，为最优良之石碱，据云以之发面，可使吃者不生火气。又中空之老陶来杨叶虽茂盛而髓部已枯，于基部凿一洞引火烧之，髓部即渐燃烧，致仅余皮壳，干中之碱溶流基部，结晶成块，用为食碱，远胜于土中掘得者，仅略次于树干裂口之结晶碱。近年汉人较多，常食馒头，每烧树取碱。尤以驻兵消耗量大，烧碱之风颇盛。直径尺半高达丈余之树约可得碱一斤，而原树即被烧死。今建国营附近被烧之树甚多，枯树林立。著者当时曾告负责当局，谓沙漠之中，植树匪易，一树长成费二三十年，长成绿林，点缀沙漠风光，并固定流沙，厥功殊伟，正宜设法保护，扩充栽植，以渐改沙漠为森林，变不毛为绿洲，乃建国生产之万年基业，不宜为一斤之碱，而损此大树也。如听之烧损，将来居民增多，此风一盛，为贪蝇头之利，而不顾永久之策，取柴烧碱，任意摧残，不加禁止，恐数十年后仅有之森林，将无遗类，浩浩沙漠将不复有高大之乔木，欲再育培而复之，戛戛乎难矣。

陶来杨为沙漠植物中唯一之高大乔木，唯木质松脆，抵抗力小，木片厚必在半寸以上，否则易折易弯，且长至直径尺半以上，即中空，故非优良建筑及制器具材料。但沙漠之中别无他树，近年该旗内所用之桌椅用器等，均系此树所造，建国营用之建造礼堂，颇具规模，亦不可谓小，以其木质观之，似可作火柴杆及造纸，此则尚有待专家之研究也。

2. 红柳

（1）名称　红柳即柽柳，又名观音柳，为柽柳科之代表植物，亦有称山水柳者，学名Tamarix Piniperina。

（2）生长情形及习性　红柳在额济纳旗者，皆为天然生长，不加人工，俱系灌木，高达丈余，矮者亦在六尺左右，密生处，人不可入，一望无际，方圆数十百里，堪称奇观。尤以夏秋之交，红花招展于沙漠之中，骆驼出没于柳枝之下，牧者歌唱于密林深处，塞外秋色，雄伟壮阔，兼具秀丽，观之不由心旷而神怡也。

红柳之抗碱、抗旱性俱极强，可高生数丈而极干之沙丘上，亦可深入于碱湖之滨，最喜含碱之冲积土。常与芦草间生，密生处，地上他种植物颇少，稀疏处有前述之各种植物。

（3）用途　红柳之主要用途为饲骆驼，谚云：“蒙古人见了酒，骆驼见了柳。”因蒙人最喜饮酒，见之必饮，饮之必醉，而骆驼见了柳必吃，若雨后吃之每至胀死，故红柳林亦可称为畜牧林。除骆驼外，其他家畜多不喜食。

红柳除充饲料外，又可做燃料及蒙古包之木架，兼可做筷子，鼎新农民之筷子，十九为红柳杆所做。

3. 梭梭

（1）名称　梭梭属藜科，蒙名查干，学名Xylodendron ammonodendron。

（2）生长情形及习性　梭梭为灌木或小乔木，高可及丈，有主干而多屈，尤多枝条，叶为鳞片形，嫩枝叶下垂，色绿，骤视如马尾松，嫩枝隔年变黄褐色成老枝，积年成干。中秋前开花，花黄绿色如胶片，着生老枝条上。

梭梭主生戈壁中，抗碱性特强，成单纯林，无他树可以同生，惟固着力弱，每易卧倒。

（3）用途　梭梭木材坚实，火力盛旺，热力远超他柴之上，烧成木炭，火力尤烈，故为极良好之薪炭林。古尔乃一带，炭窑林立，每当冬季，河西人前往烧木炭及运炭者颇不乏人，为额旗主要富源之一。因木柴燃烧时，有强烈之硫磺味，或可于烧炭时，提出硫磺也。

二、森林分布与面积

本旗森林皆分布于牧场之内，尤近水滨。额济纳河两岸，南由狼形山南之察汗套环及老树窝起，北至河口，更沿东西河及其支流两岸，直达居延海滨。以及东南境古尔乃湖滨，均满布天然森林。其分布面积，距水远者达十里余，近者仅半里，全面积约九千方市里，以胡杨、红柳及梭梭为主，皆为单纯林，兹分述之。

1. 陶来杨林　陶来杨系阔叶树，需水颇多，故其分布额济纳河两岸老树窝以北，大多集中距水一二里以内，东河下流尤密茂，中部刀劳卧铺与哈尔哈庙之间，距河十里之处，仍稀疏可见，但生长不甚良好，各河分支流长度共以一千里计，森林宽度平均以距水一里计，陶来杨面积约二千方市里。

2. 红柳林　红柳林之分布虽亦近水滨，惟其适应性较陶来杨广。凡有水草之地，除戈壁与重碱滩外，皆可生长。胡杨林边缘常杂有少数之红柳，在冲积土区中常与芦草杂生，或分庭间据，以东西河中流及东海南部为最多，一望无际，掩没人畜，密不可入，其分布面积，约占牧场面积十分之三，共约六千方里。

3. 梭梭林　梭梭林主分布于古尔乃湖滨及其附近沙窝中，于东西河间戈壁中心，南北长约三百里，宽约十五里。黑城附近戈壁上虽均有梭梭，惟生长不良，且极稀疏，株距约百公尺左右，尤多枯死者。另在居延海北及西河中流西十余里等地，亦各有东西行及南北行枯梭梭林一带，分布更稀，昔在狼形山南查干图纳林，亦有梭梭林，今已绝迹。因查干图纳林，蒙语即一带梭梭之意也。此外据驼夫云，西部山间小河沿岸，亦有梭梭存在。

本旗梭梭面积，颇难估计，因除古尔乃为密茂之大梭梭林外，均极稀疏，且多已干死枯倒。若以其分布面积估计，失之过大，亦无多意义。今仅就古尔乃一带以梭梭林占牧场面积六分之一估计之，约为一千方里。

兹将三类森林面积及分布情形，列简表如下：

额济纳旗森林面积概况表（单位：方市里）

林别	陶来林	红柳林	梭梭林	合计
面积	二〇〇〇	六〇〇〇	一〇〇〇	九〇〇〇

第三节 农业

一、农艺

1. 古代农艺考（黑城农艺考）：明末以前，居延农业盛于黑城一带。黑城位东河中流东三十余里，今旗政府东南八十余里之风成戈壁中，蒙人称“哈拉合陶”，蒙语“哈拉”是“黑”意、“合陶”是“城”意，故黑城乃蒙语意译者。其地荒废已久，昔日农业情形不易详知，今仅就已得资料，略加考证如后。

（1）黑城传说　蒙人传说：昔有黑将军者，筑黑城将兵三万镇守之，黑将军系驸马，后因故反叛，皇帝派兵讨之，因城周戈壁千里，皇军困于水粮之赍送，连攻三年而不下，后黑将军妻——公主密献策皇帝，谓黑城环千里，戈壁水粮难运，不可以兵胜，黑城所赖者水也，饮水灌田俱用黑河渠水。请于上流筑坝阻水，水不得至黑城，叛军自枯死矣。帝从其计，令军士各取一帽之土填于渠口，水阻河渠，井水自干，黑城军民遂渴死。黑将军临死前，以其珍宝俱藏城西北隅井中，令长子夫妇投井守之，后传说变为青白二龙，永守其宝。

黑城军民因皆系渴死，故均变为渴死鬼，旅客前往者极易渴，所带水每被鬼偷饮，致旅客渴死。

城内外鬼特多，人不宜于距城二十里内宿，否则易生危险。此种迷信传言，固不值识者一笑也。

（2）黑城筑造与荒废时期　汉武帝时强弩将军路博德筑居延城于居延泽上，《气象学会会刊》云①：居延海滨汉代已兴农业。按汉代戍边盛行屯垦。居延远离内地，戈壁千里，赍粮戍守，事所难能，

①第七期五〇—七〇页

故汉时居延城周已行屯垦，可谓事实。近年于黑城中曾掘得汉朝钱币多种。该旗郭文年君等，曾掘得制钱数枚，有汉之五铢钱及明崇祯钱，与小脚女人绣鞋后段，而无清朝遗物。著者前往挖掘时，曾于城内东北隅掘出堆肥一处，城中心掘出土坑二处，锅灶一处，城东南隅掘得马厩一处，西部掘得普通房数处，计得重要物品如下：

名称	数量	备考
小麦	二〇粒	粒大饱满
糜子	三〇〇余粒	鲜明红棕色粒大饱满
破麦穗	三个	每个附有麦粒二三粒
叶鞘	数片	高粱鞘或玉米鞘不易分辨
麦草	极多	为组成堆肥之主成分
驴粪	极多	粪团内含多数完整糜子与掘得者同
丝哔叽	一方寸	系堆肥中获得之破衣片为机器所织者
毛袷子	二方寸	与目前陇南秦安之细袷子同
机织蓝帆布	一方寸	质坚色佳与今之细帆布同
黄绸子	数条	衣服里绸
粗白棉线	三钱	绕成小线球系女人缝衣用
蓝白土布	多片	与今之土布同
木锅盖	半个	与目前用之木锅盖同，质尚坚实，底面已烧成炭

以上物品皆系于城内掘得者。至城北侧地面及城周陶瓷器碎片极多，质地花纹与今乡间所用之粗瓷无异（与今甘肃平凉南安口窑出品同）。据云，前人曾于城周宝塔中获得西夏文字经典多册，及其他宝贵考古资料等。

按汉武帝时路博德曾筑居延城，当时已兴屯垦，而居延海滨除黑城外，别无农垦遗迹，故黑城系汉时所建，大有可能。惟该城现仍完整无缺，城上堡垒中，木料及墙壁灰砌，尚完好坚实，决非汉朝遗物。黑城内之汉钱，或系后人带往，非定为汉朝人所遗下也。即令今之黑城系古居延城，亦必为后人所重筑或屡次修建者。更考诸西夏建国历史以赫连勃勃最强，所据之处，筑城颇多，统名赫城。因赫与黑同音，故后人均称为黑城。宁夏东南，传说有赫连勃勃所筑之黑城废址。而甘肃固原县与宁夏同心县交界处亦有一黑城，该处正当西夏国与宋国交界之上。额旗之黑城，既于宝塔中发现西夏文字之经典，而蒙人之传说，亦谓系黑将军所筑或镇守，故可知黑城至迟系西夏时所建，或系西夏时所重修也。

至黑城荒废时期，因城中发现机器织之丝哔叽及蓝帆布等，二物皆系于城西北隅之堆肥中，与麦穗麦粒及其他破衣布条等同时掘出。该堆肥系原堆于屋边，屋倒后压于墙下，而墙上又盖以风积之沙土半尺余至一尺，沙上更有石砾一薄层。由此数端均可推知此堆肥决非后人前往考察者之遗物，必系黑城人之遗物。此物既系机器所织，必系欧洲工业革命后由外国输入。而先人遗下之陶瓷器与今日乡民所用者同，城中所遗之石磨，今人又取而应用。凡此种种均足证明黑城荒废之时，绝不会过久。更就所发掘之钱币而论，有明万历及崇祯时之制钱，而无清朝遗物，城周堡垒之木料与明万历年间所筑之狼烟墩中木料极相似。

土尔扈特人系雍正九年移入额济纳河，据今之额济纳土尔扈特人传说，土尔扈特人移入前，黑城已无人居。故当地蒙人对黑城之事迹，除以上传说外，无其他故事，因知黑城荒废之时期必在康熙以前、崇祯之后，距今仅二百余年耳。有人谓系同治年间，回民起事时所废，若为同治时所废，城内必有清朝遗物，而旧土尔扈特人于雍正九年已移入，亦应知黑城之详情，当知此说之误也。

（3）黑城农艺考　黑城附近土地平广，南北约五十余里，东西约百里，昔多良田，今全被沙漠及戈壁掩为不毛之地矣。东部为沙漠沙丘，高者七八丈，沙岭纵横，沙丘上生有少数红柳。西部多戈壁，枯梭梭疏布其间。

本区中有枯河一条，西南东北方向，由城西北半里处穿过。城北戈壁间有废渠一条，西南东北方向长约十余里，渠道已被石砾填平，仅余痕迹，观察不细者不易发现。据云，此类渠道尚有数条，惜著者未发现耳。渠中流东岸有一六角形压地石滚，长约五尺，边宽七寸，与今金塔、鼎新农民所用者同。城周二十里内，常见荒村颓垣及宝塔碗碟盆罐等陶瓷器破片特多，与目前乡间应用者同。城内及村间更有完整磨面粉之石磨二十余副，直径三尺，上层厚三寸，下层厚约四寸，昔驻额济纳旗的兵士，多运至建国营应用，破碎石磨颇多。城内尚有完整小石磨一副，直径约一尺，厚两层合计约半尺。并有人发现碾米石碾数具。凡此种种均推知明末以前当地水利人口及农业之盛也。兹仅粗略估计，当时黑城一带人口，依每磨平均可每日磨小麦或糜子五市斗，计约可磨面粉六十市斤，人口大小平均每日每人以吃面一斤计，可供六十人之食用。全部以二十五磨计，共可养人约一千三百人，因该地为天然优良牧场，家畜必盛，肉乳自丰，可代一部食粮，又因磨粉不易，而产糜颇多，尚有一部以糜饭代面者，故当时人口至少在一千五百至二千人以上，约当目前蒙人之二倍。

黑城所种作物以糜麦为主，生长均极良好，其他作物次之，因著者在黑城于三处掘得大量糜子，色棕红而粒大饱满，足证生长良好。

又于马厩中掘得驴粪极多，裂而视之，粪内皆有完整之糜子多粒，当知系以糜子喂驴所致。更有碾米石碾数具，均足证明当时糜子产量之丰富也。

麦子系小麦，粒大而饱满，于堆肥中发现大量麦草及残破麦穗及糜子秆等，麦草与糜子秆皆笨重价廉而用途小之物，该区牧草茂盛，木柴丰富，绝不至由河西运往。所掘得之糜麦，若非黑城所产，因运输困难，麦糜必先在河西磨成面粉及碾成精米，再运入额旗，绝不至运送大量之麦糜也。今在额旗之汉人，皆由河西运面，除军队外，极少运粮者。尤以石磨石碾之存在，更可证明糜麦系黑城所产。今仍以二十五磨粗略估计黑城一带，当时糜麦产量，每年共约四千五百六十余市石。平均每亩以产粮一石计，黑城一带当时耕地约有四十六顷之多。又据典籍所载："亦集乃路屯田达九十一顷五十亩，有天下富饶地之誉。"由此可知额旗古代农业之盛。

由上可知昔黑城一带，确属良田，且糜麦生长良好，历时千余年。荒废以来仅二百余年，而尽变为不毛之沙漠戈壁。另于南部之察汗套环亦有农垦遗迹，不知何代所垦。究其荒废原因，系因自然环境变迁，沙砾逐渐积压田内，将居民驱走，抑系政治原因，将原有居民杀绝或驱走，致良田无人经营，而后沙砾侵入，变为沙漠戈壁，今因资料不足，尚难确定也。

2. 近年农艺作物试验概况　一九三九年后额济纳旗专员办事处及建国营驻军，于菜园内曾试种农艺作物多种。其种植原因均为好奇及兴趣，并无试验技术，种植数量特少，仅于菜间畦边每样植一二株或数株而已。惟其栽培方法与种菜同，保护颇周。兹特简叙其试验结果，供研究者参考。

（1）军事专员办事处试验结果

①青稞——株高及胸肩分蘖七至十，每穗百余粒。

②棉花——生长良好，铃大于金塔棉，花白绒，长二分之一英寸左右。

③黄豆——株高二尺，生长良好，成熟时全株皆荚，平均每株十五枝，每枝结十荚，每荚三粒，每株结豆约四百五十粒。

④糜子——生长良好，分蘖八。

⑤高粱——生长良好，分蘖颇多。

⑥玉米——生长良好。

⑦小米——生长良好。

⑧豌豆——出苗后不久，即自行枯死。

（2）建国营驻军菜园试验结果

①豌豆——生长良好，株高三尺，花果茂盛，播种时土面覆沙。

②小米——生长良好，分蘖三穗小。

③棉花——五月播种，九月尚未开铃，株高一尺。

以上所种八种作物，生长均良好，惟豌豆于建国营所种者，因种时土面覆沙，生长极好。而于军事专员办事处所种者，分苗后即自行枯死，或系因种时土面未覆沙。出苗后土面之碱与土混合结成硬壳，夹破幼茎而致死也。至棉花于军事专员办事处所种者，尚优于金塔；而建国营所种者，著者九月中旬前往时尚未开铃，但已降霜一次。据云，或系播种太晚所致，但该区降霜太早，温差过巨，绝不宜种棉，可不必再试验也。

二、园艺

1. 园艺事业缘起及分布　额济纳旗园艺事业，明末以前，于黑城一带，虽有经营，今尚乏考证资料。自土尔扈特进入后，因其既不明耕种作物之价值与方法，更误谓：一兴农垦，汉人移入，耕地日扩，牧场日缩，致蒙人家畜无处放牧，蒙人生活日艰等。故该旗一向绝对禁行农垦事业，虽蔬菜数棵亦不许栽培。致汉商及牧夫虽久居额旗，而欲试行农垦，终未见诸事实。直至一九三八年国民党军队开入后，各机关相继前往，汉人日增，因汉人来自全国各省，骤入游牧之区，气候与饮食，一时难于驯服，常罹青腿、牙疳等病[①]。患者若回至酒泉、兰州，不治即愈。注意营养者推测，或系不食新鲜蔬菜，缺乏某种维他命所致。惟戈壁千里，新鲜蔬菜，实难输送。郭文年君乃首先垦地试种蔬菜，竟获成功。次年更增辟园地，并宣传劝导他人种植。驻军因人多力强，尤苦无菜，遂于建国营及策克等处垦地种菜，结果亦佳。蒙人不加干涉。以后额济纳旗防守司令部，国立额济纳旗小学及策克、西盛隆、青山头等处商人亦于宅边择地试种。于是种菜地址，达七处之多，兹为明了计，将其分布概况，列简表如下。

地址	面积（市亩）	蔬菜种类	备考
专员办事处	二.五	一四	附种农艺作物数种，花卉数种
建国营	二	一〇	同上
防守司令部	〇.四	四	附种花卉数种
国立小学	〇.三	四	同上
策克	〇.二	四	同上
西盛隆	〇.二	四	同上
青山头	〇.二	四	同上

①青腿即腿变青色，失知觉，以指压之，指起变白色，良久不易复原，盛暑穿皮裤不觉暖。牙疳即牙根肉发黑色而腐烂。

2. 园艺作物试验结果　兹将各地试验结果列后：

（1）专员办事处菜园

①豇豆——生长极好，角长尺半，味美，由五月吃至九月仍继续结角。

②南瓜——生长极好，蔓长二丈七尺，其根深，可吸地下水分，仅幼苗时灌水，成长后即不灌水。每株结瓜二三个，平均每个重约二十余斤。若每株先吃嫩瓜三、四个，再留一瓜，尚可长十五至十八斤。瓜形扁圆，直径一至一.五市尺，厚约半尺，金黄色带沟，外皮厚而硬，肉厚约三寸，味甜可用清水煮食，河西人称葫芦。

③萝卜——生长极好，色青，有粗、长二种，粗者直径四寸，长半尺。长者直径二寸半，长一尺，大者每个重三四斤，普通每个重一斤。

④莴苣——高三尺，径粗一.五至二寸。春季种于各菜之中者，生长良好，夏、秋二季，生长不良。

⑤黄瓜——生长特好，瓜径粗二寸半，长十二寸，由端阳吃至中秋。

⑥大头菜——生长良好，平均每个重半斤。

⑦辣椒——大者如大柿子，亦有长尖形小辣椒，年来多杂交成中间形。

⑧小茴香——生长良好，株高四尺。

⑨韭菜——生长良好，叶肥，每年可割七次以上。

⑩苤蓝——即球茎甘蓝，生长良好，不逊潼关苤蓝。

⑪马铃薯——生长良好。

⑫苋菜——生长良好。

⑬油菜——生长良好。

⑭西瓜——生长良好，最大者重十六斤，普通七八斤。最佳者甜美可口，与兰州花皮西瓜同，略逊于陕西同州西瓜。

⑮葱——生长良好。

⑯蒜——生长良好。

⑰花卉——有大波斯菊、金盏菊及蜀葵等，生长均良好。

（2）建国营菜园

①紫茄——生长良好，每个重六两，新摘下者味鲜美，过一夜再吃，味变苦，若放水中过夜，再吃即不苦。

②白菜——生长良好，高尺半，采食后，其根仍可再生。

③大头菜——生长良好。

④扫帚菜——生长良好，高三四尺，与黄淮平原生长者同。

⑤萝卜——生长良好。

⑥向日葵——生长良好，高四五尺，每株可开六七花，种子充染料，与河西同。

⑦南瓜——生长良好，若依山东菜园之促成栽培法，于瓜柄涂以菜油，尤以麻油桶底浓油，则生长快而大，成熟早。

⑧烟草——黄花种，株高二三尺，叶直径半尺，生长不好。

⑨西瓜——色有花、黑、白三种，以黑色带棱者最好，味甜与兰州同。

⑩醉瓜——生长特好，每株可结三个，大者重三四斤，香甜带酒味，超出兰州醉瓜以上，兰州醉瓜每株只结一个，普通重一二斤，宁夏醉瓜更远落其后矣。

（3）防守司令部及国立额济纳旗小学菜园

①白菜——生长不良，高三四寸，黄萎。

②莴苣——生长不良，高尺许，径半寸左右，去皮无肉不可吃。

③豇豆——尚可。

④其他——辣椒、韭菜、茄子等生长俱劣，均不可食。

（4）策克菜园

种有南瓜、紫茄、辣椒、小茴香、韭菜、黄瓜、豇豆、莴苣、葱、西瓜及甜瓜等，生长均平平，尚可吃，于园周种有紫锦葵及金盏菊等，生长良好。

（5）西盛隆及青山头菜园

此二菜园仅各种青菜数种，成绩与策克同。

三、经营方法经验与影响

1. 经营方法　选择适当地点，用锄头开垦，尽去土壤中野生植物之根，再于园中掘一井，普通二尺得水，然后将园地挖匀疏松，整平之，即播种，再于表土上覆沙一薄层，随即灌水。因土中含碱太多，若表面不覆沙，灌水后土壤中之碱，随毛细管水上升，至表土中与土混合，结成硬碱壳。种子虽发芽，无力穿透碱壳，即闷死土中。若碱壳结于幼苗出土后，幼茎即被碱壳夹破，苗渐枯死，故必于土面覆沙，因沙质特松，可免其结碱壳。至次年整地时，即将表面之沙混入土中，上部再覆沙一层，如此土质即逐渐改良，不必专行客土法也。

幼苗生出后，若气候过冷，或温度骤降，即于每晚用专做之陶盆或小泥盆盖而护之，次晨日出或天暖时再取去，以免冻死，与兰州砂田种瓜法同。此后随时注意气温变化而盖覆之，并不时灌水除草，即可逐渐成长。

2. 经营经验　垦地以生红柳之地最肥，惟根多难垦，芨芨地次之，黄蒿地最瘠。地面碱少者，土壤中含碱亦少，碱重之地生长不良。掘井选地面碱轻之处掘之，井水含碱少，灌田生长良好；若于地面多碱之处掘井，水中含碱重，色微黄绿而味苦，以之灌田，作物生长不良。即用含碱轻之井水灌田后，地面亦常出白碱一薄层，但无伤作物生长。初垦之地生长不良，种二年后，生长渐转佳，播种后地面必覆沙，以防碱结壳，否则种子不易生芽，或幼芽渐自枯死。

新垦之地，加以气候恶劣，必靠人力精密保护，作物可生长良好，如专员办事处及建国营所经营者，结果特佳。商人所经营者因人力不足，结果较差。防守司令部及国立小学经营者，因不加人工，故生长最差，多不可食。询彼等蔬菜生长不良之故，皆答“因无工夫与人力，故生长不良”，由此可知生长优劣之故矣。

3. 经营影响　额旗蔬菜试验之成功，端赖郭文年君之热诚努力与倡导，自其试验成功后，即增辟土地，大量栽培，产量特丰，自用有余，尚可赠送驻额旗各机关、商人及蒙人等，甚至赠送运送军粮，农民带回河西而食之，驻军之生产量足以自给。汉人之住额旗者，因常有新鲜蔬菜佐食，青腿、牙疳等病，已不易见。蒙人因食肉饮乳，最需蔬菜以调配营养，兼利肠胃，并增口福，以前无吃蔬菜之机会，故不知其利，经郭文年长期馈送后，渐知其美而常往索讨。若询蒙人：蔬菜与肉味孰佳，则答蔬菜。再询何不自种，则答蒙古人不知种法，因旗政府原有禁植作物之令，故蒙人虽知其利而好吃，但均不种。惟后来蒙人中已有二家请求指导经营者矣。苟额旗汉人，能齐力倡导，并大量赠送蒙人，以养其食蔬菜之习惯，再劝导之择地经营，则额济纳旗园艺作物前途颇有可观，而蒙人之生活亦得以改善也。

第四节 商业

一、商业特色

1. 物物交易 额济纳旗因交通不便，经济文化落后，人民生活简单，每人交易物品之种类及数量均极少，货币制度尚未产生，蒙人又不知储藏，不习商业，每感缺乏某物而欲应用时，始牵牛拉羊寻主而求易。旅客若见蒙人之狐皮而欲购买之，必当其不用狐皮，且带有彼正需要而所无之物以易之方可，旅客所带之日用品如呢帽、手杖及皮箱等物，蒙人见而悦之，常牵羊携皮以求易，不允则彼更求倍羊或加毛以易之，因供需不同，交易颇感困难也。

2. 信用交易 蒙人游牧为生，习物物交易，以其牲畜及畜产品换取日用品，惟牧业受自然季节之限制，其牲畜及畜产品，仅能于一定季节内供给之。蒙人对日用品之需要，既不受季节之限制，又不知储藏交易物品，为未雨绸缪之计，故在蒙人无畜产品供给而又必需用日用品时，不得不以信用先取日用百货，而以将来之产品作抵押。供给日用品之汉商，为广揽顾客，确保交易额，并预定大量廉价之畜产品计，亦乐于先期将日用品赊与蒙人，致信用交易成为蒙人贸易自然而必须产生之方式。

二、商业组织及交易方法

额旗蒙人以游牧为生，不习农耕，鄙视工商，故向来商业皆操于汉人之手，商人均有雄厚之资本与精密而坚强之组织，总店多设京、津、绥、包等地，定远营、张掖、民勤等地均有分店，各分店更分设支号，深入蒙旗各部。此类支号互划商业区域各不相侵，并各于其范围内常川派人携带货品至各蒙古包中出售或收货，故各支号于其商业区内对蒙人之生活习惯、人数、地址与迁移情形，以及各蒙户生产消费物品之种类数量与时期等，均极熟悉。又因有长期信用之关系，永保密切之联系，依时派人前往收货送货。其每年各货之交易量与时期，俱有较精确之预算，实为最稳固之商业，任何他种商业组织皆不易侵入。此类支号，又多兼营畜牧事业，尤喜养大量骆驼，常千百成群，既可调剂商业淡期之人力，又可供大量之运输工具，更有驼毛之收益，利莫大焉。

三、交易单位

额济纳旗交易单位，颇为复杂，普通以砖茶及羊为主，砖茶系三九砖茶（详见本节第四段），以一块为单位，羊则以长成之绵羊或山羊为单位，大宗交易常以骆驼、马或牛为单位。零星交易多用羊皮、驼毛或羊毛为单位，皮以张计，毛以斤计。一般情形之下，生金、碎银、银圆及元宝等，历来蒙人均愿接受，尤喜黄金，惟除银圆常用外，多不普遍耳。纸币除极少数欲往内地者外，均拒绝收受。

四、主要商品种类及运输路线与交易额

额旗输入以农产品、日常用品、疋头、服饰等为主，马具等次之。输出品仅牲畜与畜产品而已。近年有微量之碱类及木炭运往河西，兹分述之。

1. 输入商品

（1）农产品　以茶、烟、糖为主，糜米、面粉、挂面等次之。

①茶　蒙人食肉饮乳，少食蔬菜，必饮浓茶，以助消化，并收敛

油腻，否则易罹腹胀便闭等症，故彼等视茶若命，不可一日或缺，有类农业区人民之吃盐也。所饮之茶原产鄂南湘北各县，运至羊楼洞及羊楼司所压装之三九砖茶，每块老秤五十五两，每箱三十九块，故名。砖茶普通每户每月，富者饮一块半至两块，贫者半块以上，平均每户每月约饮一块，全旗黑人计八〇二人、一九四户，喇嘛一四一人，因饮茶较黑人多，以四人为一户计，合三五户，全旗共二二九户，每年共用二七四八块，合七二箱（汉人饮量甚少）。

②烟　烟有生烟、鼻烟二种，生烟为用烟袋吸食之烟丝，多由兰州制造，经张掖、酒泉输入。鼻烟为烟粉，直接吸入鼻孔以内刺激者。二者蒙人均嗜之，吸者均占人数之半，平均每人每月约各用一包，全年全旗约消费生烟七二二四包（汉人亦用之），鼻烟五六六四包（汉人少用之）。

③糖　糖以白糖为主，红糖及冰糖次之。战前多用台湾糖，经京、津、绥、包、定远营等地输入；抗战军兴后，多用由苏联经蒙古国输入之糖。

④糜米、面粉　蒙人近因生活日艰，每日晚餐多食糜米及面片，主由甘、肃二州各县输入，平均每户每日以糜米或面粉一斤计，全旗蒙人全年共用糜米面粉各四一九〇七斤。汉人每人每日食面以一斤计，全年共吃九五二六五斤。

⑤挂面及其他　挂面及其他农产品如红枣、葡萄干及瓜类等，皆为较富者享受，消费量弹性颇大，不易估计。

（2）日常用品　以锅、碗、壶、杓、腰刀、祭器、烟袋、火柴等为主，战前大多系日本货，由绥包输入，战时多苏联货，由蒙古国输入。其中腰刀、祭器、烟袋等多由张掖制造，因每件可用多年，人数又少，故消费数量不多。

（3）疋头服饰　以绸缎、细布及针线、红缨帽、靴子、手帕等为主。绸缎以红黄紫绿等色为主，蒙人多用以做袍裤等，并用红绿绸束腰或用作头巾，昔由京津输入，近年因来源断绝，大量土布及南阳绸等渐从河西输入。靴子及红缨帽，昔皆由绥包输入，近年已无售者，而一般妇女更多喜戴呢帽矣。各种疋头之消费量混合粗略估计之，每人平均穿衣料以一丈五尺计，则全年各类疋头共约消费一千四百余丈（汉人之衣普通均由外地带入），靴子坚固耐用，而蒙人男女平时均跣足，骑驼马时方穿靴，故平均每人每年以一双计，共用九四三双（汉人少用）。

（4）马具　以马鞍、辔头、马蹬蹄铁等为主，每具约可用七年以上，每家约有二套，全旗共约四八五套（喇嘛仍以四人为一户，汉人用者甚少），每年约消耗七十套。

以上所述皆为输入主要商品，其消费量即为交易量，为明了计，兹列简表如下：

额济纳旗主要输入商品种类及年交易量概况表

项别	农产品						
商品	三九砖茶	生烟	鼻烟	糖	糜米	面粉	其他
年交易量	七二箱	七二二四包	五六四四包		四一九〇七斤	一三七一七二斤	微量
备考				近年无来源			

项别	疋头			日用品	套具合计
商品	绸布	靴子	其他		
年交易量	一四〇〇丈	九四三双	微量		七〇套
备考				近年来源渐少	

2. 输出商品种类与数量

本旗输出商品以驼毛为主，年产一百八十市担，全部输出。羊毛大多留供自己做毡，作蒙古包之用。牛马等皮，产量特少，乳及乳制品皆自用，家畜驼、马、牛、羊等亦略有出售，驼多售与商人，马牛羊多售与河西农民，数量不多。

五、商号概况

额济纳旗因当京津与新疆及内蒙对甘肃河西商道之交点，故各大蒙古商号，昔多设有支号，商业极盛时，全旗共有大商支号四十余家，小商支号二百余家，连居民共三百余户。商号林立，货堆如山，驼队衔接不绝于途，商人每晚畅饮划拳与留声机之伴唱等，不复知有塞外戈壁荒寒之苦。唯自抗战军兴，与京津及蒙古货源断绝后，商业日衰，商人相继内返。昔日商业最盛之策克与刀劳卧铺皆有商号数十家，今则策克仅余四家，商人四名，刀劳卧铺则房倒人去，沙堆柳生矣。据一九四四年初调查，全旗仅有商号四十五家，商人七十一名，除西盛隆与聚德长及世和祥因兼营牧业人数稍多外，其他每家仅一二人，主办结束，收讨账款，一旦账清，即行内返。兹将一九四四年初旗商会调查各商号概况列表如下。

额济纳旗商号概况表（一九四四年初旗商会调查）

商号	主管人	主管人籍贯	人数	备考
西盛隆	石竹卿	绥远	九	
聚德长	石占元	绥远	九	
世和祥	张　珍	绥远	六	
日新号	李长盛	山西	三	
广义甡	常牺舜	山西	二	
贾鸿顺	贾鸿顺	河北	一	因系一人无商号，故以人名为商号
王记号	高松竹	河北	二	以人名为商号，以下均同
康兆祥	康兆祥	河北	一	
张作良	张作良	山西	一	
惠源和	惠源和	河北	一	
曹文秀	曹文秀	山西	一	
王金铭	王金铭	山东	一	
关　津	关　津	山西	一	
郭凤岐	郭凤岐	青海	一	
酪增心	酪增心	青海	一	
王喜英	王喜英	青海	一	
孙仲魁	孙仲魁	山西	一	
李鸿录	李鸿录	山西	一	
郭秀山	郭秀山	山西	一	
魏明义	魏明义	山西	一	
张　盛	张　盛	山西	一	
张映奎	张映奎	山西	一	
吴焕文	吴焕文	山西	一	

史占春	史占春	山西	一	
任名礼	任名礼	山西	一	
富顺长	马丰年	河北	二	
安尚霖	安尚霖	山西	一	
七　登	七　登	青海	一	
苏　代	苏　代	青海	一	
张　宝	张　宝	山西	一	
李开河	李开河	宁夏	一	
李双喜	李双喜	宁夏	一	
白凤竹	白凤竹	河北	一	
白文年	白文年	河北	一	
曹　义	曹　义	河北	一	
测不力	测不力	青海	一	
赵福根	赵福根	青海	一	
陈瑞和	陈瑞和	青海	一	
伍　云	伍　云	甘肃	一	
吴桑档	吴桑档	青海	一	
崔海青	崔海青	绥远	一	
张效良	张效良	山西	一	
辛汗杰	辛汗杰	山西	一	
张江业	张江业	山西	一	
郭福科	郭福科	山西	一	
合计		（四五家）	七一人	

087~103

第七章　社会

7.
社 会

第一节 社会现象

一、教育概况——额济纳旗小学概况

蒙人因专崇喇嘛，故不注重读书识字。优秀青年多当喇嘛，入庙念经，经典虽系藏文，而一般喇嘛仅知背词句而不知研究藏文。蒙古虽有文字，因额济纳旗昔无学校，蒙人极少研读，今全旗蒙人能读写简单蒙文书信者，约仅四人，能写汉文者尤少。一九三一年旗政府鉴于教育之重要，拟办旗立小学一所，并于旗政府附近建校舍数间。因教员学生及经费等困难，未能正式开办，教育部于一九四三年初派孔宪珂前往额旗，筹设国立额济纳旗小学，是年四月二十六日正式成立，兹将该校概况略述如次：

1. 校址　国立小学原拟仍就前建校舍全部接办，既省经费，复近旗政府，易收联系协助之效，因边疆教育尚未得边区同胞之了解，致原有校舍，于孔校长到旗不久即被拆倒，为适应当时环境计，乃于旗政府西北四里，额济纳旗防守司令部附近，勘定校址，重建校舍。

2. 教职员　教职员极难聘请。因交通困难，由酒泉前往，单程需时十余日，戈壁连天，路无人烟，尽塞外旅行艰苦之能事。一般人多不愿前往，即令苦口婆心，劝勉聘请三两勇敢有为青年，鼓气前往，后来亦因生活困苦，而不愿久留。校中仅有专任教员二人，兼任教员二人，质量均感不足。

3. 学生

（1）学生来源及人数　所有学生俱系旧土尔扈特人，由学校备函商请旗政府按户抽派而来。原拟收学生五十人，塔王覆谓："年来国家多事，人民差役日益繁重，如再抽大量学差，恐民不堪服役之苦矣……"等语，虽经多方商讨，仅抽得学生三十名。彼等既以读书为出学差，故所派学生多系劣等儿童，非呆笨即有缺陷，或畸形疾病等，殊少健全者，嗣经孔校长多方交涉，始渐改善。

蒙人曾谓"学差之期不宜过长，恐儿童难受其苦，求以一月为期，轮流更换新生，以免少数人出长期学差之亏，以谋公允……"等，虽经屡次请求，孔校长均详劝婉拒而未允。后来又拟增加学生二十名，已得塔王之允许，著者离额旗时已开始招集矣。

（2）学生待遇　学生待遇依教育部规定每月每人津贴膳费二百元，文具费十元，新生入学时，每人发制服一身，其他如书籍纸张等用品皆由学校供给。另设有学生数百分之三十清寒奖学金，每名月奖百元，额旗蒙人无收受纸币之习惯，一切用品必赴酒泉采购，此区区之数，万难维持学生生活。初以此法与塔王商讨时，塔王弗悦曰："出学差民已不堪其苦矣，焉有不供膳食之理。从未闻有负锅当兵者，惟对发制服一节，颇感满意……"交涉罔效，而开学在即，若向内地请求追加经费，不但公事往返数月，坐失时机，且未必核准，无可奈何中，乃决意先允供全膳开学，再据实备文呈请补发膳费，同时准备万一不准时，则函该旗政府及有关机关人民捐助，以弥补之，其用心亦良苦矣。

4. 设备

（1）校舍 该校有房屋二十间，中有教室四间两所，书报阅览室三间，均尚宽大可用，余充教职员宿舍、办公室，厨房、饭堂及储藏室等，另借旗政府蒙古包两顶，充学生宿舍（大者可住二十余人、小者十余人），校门外即接戈壁，操场可谓广矣。

（2）校具及用品 有黑板四块，四人桌凳各十六张，办公桌四张，长凳十六条，排篮球各一个，木马一个，单杠一根，时钟两个，留声机一个，幻灯机一架，劳作工具五套及药品五十一种。

（3）书报 图书刊物共约千余册，其中蒙文者占三分之一，多系赠送之品，刊物三十余种，多属有关边疆者，挂图百一十张及报纸数份。

（4）生产设备 有牛车一辆，黄牛两头，骆驼一只，绵羊二十只，山羊三十只，鸡十六只及菜园一个（面积约三分地）等。

5. 教导方式与困难 该校订有国语、常识、算术、蒙文、唱游及劳作等课程，惟教本多不适当地情形，必设法补充之。蒙儿不谙国语，常识较差，故课堂教育采实物教学方式，全用国语讲授以增听讲国语之机会，课外教育特重生活训练，以教导集体生活规律，培养生产技术为目标。

教导方法虽有困难，多易解决，惟对学生请假及大小便等，最感困难。学生请假原因，多为赴庙磕头，家中念经，或来客，家人得病，甚至学生之羊得病及亲邻念经等，遇此类事，学生之母或姊等，即骑驼来校申述代子弟请假；不准，则坐卧校外，风餐露宿，数日不去。此类之事，各家无月无之，一去数日，尤以赴远庙磕头费时最久，赴张掖磕头往返一二月，赴青海塔尔寺磕头者往返三月以上，即如塔王赴塔尔寺磕头，亦携子（塔王子名报达，在该校读书）前往，盖蒙人敬佛重于一切，尚不知教育之重要也。

蒙人向无厕所之设备，大小便时，出蒙古包数步即解衣而便，于牧草或沙漠戈壁之中，如多数人齐集一处，或同行时不分男女仅退出群众数步，即解带而便溺。学生入学后，虽日告数次，大小便应入厕所，然而转瞬即忘，教室与办公室外，常见有大小便之学生，习惯如此，有待改善也。

6. 其他有关教育事项　额济纳旗教育已入萌芽之期，据孔校长云：全旗约有男女学龄儿童百人，学龄喇嘛五十人，合计约百五十人。蒙人不重男女之别，前曾有数家，欲送女学生，近又有提议令学龄喇嘛读书者拟先收学龄喇嘛，至学生已有良好习惯，知遵守一般规范时，再收女生，否则颇难管理。额旗小学教育前途，尚可乐观也。

二、社会秩序

额济纳旗蒙人，生性天真忠厚而诚恳，生活单调，欲望简单，近百年来少受战争影响，故仍保持其安静之原始游牧社会生活，古人说，“夜不闭户，道不拾遗”，额济纳旗境内其庶几矣。

额旗地广人稀，易谋生活而民无冻馁之虞，全境无一乞丐，人民极痛恨鄙视偷盗行为，故蒙人绝少盗劫，而昼夜不闭其户，所居蒙古包均系毡做，设极小之绳枢木门，外悬毡帘，旅客不问是否相识，均可启门而入，主人皆义务招待饮食，视为当然，晚与主人同卧一处，妇女亦不回避，真诚之情可知矣。其包内器物亦极少遗失者。

牲畜于晚夜自由散卧蒙古包外，不加点数，天明又驱之去。骆驼马匹等夏季昼夜放置野外，常距蒙古包数十里或百里，无人照顾，极少遗失。不肖汉人虽间有偷盗牲畜者，每被蒙人杀害而引起争端。因戈壁平广，沙漠连天，行人稀少，又必按站进行，若偷牲畜而行，失主发觉后，立即快马循迹追赶，十九难于逃脱，知其情者盗心自戢矣。

路不拾遗者，因境内沙漠连天，牧草丛生，蒙人行路如航海，均按方向依直线前进，遇阻则迂回之，向无路迹，故前人行过之处，短期之内，殊少重走其道者，如遗物于途，而能确记失处，虽数月之后，亦可寻获。惟近年汉人常行之大道，失物难寻获矣。

抢劫匪徒，更难存在，因戈壁辽阔，无避身之所，森林之中，林木茂盛，距离稍远，即不易发现行人，同时入其境者，必须带饮食用具等，多带行动不便，少带则数日用尽，不能久居，而途中又常数月不见行人，更无一定道路，不可株守而待。是其天然条件限制盗匪之存在也。

今之额济纳旗，可谓“夜不闭户，道不拾遗”，不知者每觉荒野千里必多匪徒而不敢前往。既入其境，如进世外桃源，秩序井然，反觉向之过虑为多事焉。

三、人民生活

1. 衣　普通多穿束带长袍，色尚红、黄、紫、黑，着红黄者多喇嘛，质尚绸缎，自抗日战事发生后，多穿南阳绸与棉布，男女皆跣足，有事骑驼马外出，穿长筒皮靴，靴前端带钩，腰带多用红绿彩绸，腰侧带上系一腰刀，长约七寸，为割肉用，刀鞘上常带筷一双，腰间或更带旱烟袋烟包等。腰前挂一绣花褡裢，内放鼻烟壶或其他珍贵玩物，男子多戴红缨帽、皮帽、毡帽或红绿绸包头，妇女头蓄两条长辫，外包黑布，分垂胸前左右，辫上多系银牌数块及各色宝石玉器，指腕常戴银镯与银戒指数只，头戴红缨帽或包红绿头巾，近年妇女尤以戴礼帽为荣，见外人呢帽，每欲牵羊易之。男子亦间有着汉装者，服公务人员亦喜穿制服。

男女老少均备有无面老羊皮袄一件，四季常穿，因该地温差过大，夏季阴风或夜晚特寒，必穿皮衣。平时穿于身上，睡时兼作被褥，保温力特强，虽夜卧戈壁上，北风怒吼中，亦可度过，出外旅行必不可少，亦为沙漠之宝。羊皮袄皆当地绵羊皮以牛乳熟制，软柔坚牢，不畏雨雪之侵，远胜宁夏及河西产品。

2. 食　以羊肉、牛羊奶及奶制品为主，羊肉冬季多食鲜肉，用锅加盐煮半熟，盛于盆中，男女各出腰刀割肉，手抓而食，汉人名曰“手抓羊肉”，肥嫩香美，新鲜可口，无腥膻味，胜过酒泉兰州及宁夏羊肉。蒙人来客时多杀羊，如农村之杀鸡，以煮全羊为待上客盛宴，夏季将鲜羊肉割成手指粗细之肉丝，阴干之随时煮食，亦可携之旅行，惟肉面略带腐肉味。乳制品即前述之奶油、奶皮子、奶查子、奶豆腐及奶子酒等。另有糌粑，即炒熟之青稞面粉，加奶茶奶油用手调和后，握成团而食之，奶茶系鲜奶掺水倒入锅中，加捣碎之砖茶，煮沸后，盛之铜壶内，再倒于碗内饮之，即牛奶红茶，惟常带有羊毛及腥膻味，不甚清洁尔。

近年蒙人多喜吃面片及小米粥，亦有用酥油炸面饼者，因不知用发面，致油饼坚硬如木片，虽于热茶中浸十分钟，尚不能咬破。

蒙人日常饮食方法与内地殊，每晨日出时起身，首先煮奶茶，再取出奶油、糌粑、奶查子、奶皮子等物，排列灶架旁小长凳上，富裕者更有白糖、红枣及葡萄干等，每人先饮奶茶数碗，即分别调食糌粑及奶制品，食后出外操作或游戏，每回蒙古包一次，即饮奶茶数碗，任意取食食品，日食七八次不等，直至晚间家人全归，家畜安定，工作已毕，始做小米粥或面片，加大量羊肉，饱餐一顿，如杀羊即纯煮羊肉而食。蒙人食量颇大，著者于东海南岸竹头楞蒙古包中，见一十二岁女孩，晚饭时吃两碗羊肉小米饭，饭后煮羊肉，又吃两碗羊肉（重约一斤），吃过即睡，可知其消化力之强也。

额旗因天气寒冷，所吃食品含大量脂肪，能增加体温，所饮之浓砖茶，既可助消化，收敛油腻，又可生热量。否则人身热量不足以御其严寒也。作者不惯饮茶，平时每晚饮茶两杯，必通夜失眠，惟入额旗后食肉太多，晚间常饮三四大碗浓奶茶，重约五磅，竟可安然熟睡，可知茶叶在游牧区之重要矣。

3. 住　蒙人为便于游牧生活，均择水草适宜之地，搭设帐幕而居，便于随时迁移，汉人称之为“蒙古包”，包壁圆形，高约四市尺，内用红柳枝条编架，外围羊毛毡，包顶半球形高六尺余，有圆窗为烧火出烟透光线之用。窗上有毡盖，可随意启闭。门高约四尺，宽约二尺，仅可通人，门设绳枢薄木板门一扇，门外悬毡帘一块，普通木门多不闭，或无门而仅垂毡帘，天热时毡帘卷起，包壁之毡亦可上卷一部，以通风乘凉，蒙古包为避风向阳计，门均向东偏南方向。包中西方为佛堂，陈有木箱贡桌，箱上放经典，贡桌上列铜杯数十至百余，形如大酒杯，内盛清水，以敬佛，杯愈多者愈恭敬，水杯间放若干小酥油灯。包中央为灶坑，上放一铁锅架，造饭烧茶时架锅壶等用，灶南为客席，供客人休息或睡觉之所，灶北为主席，包内除灶坑及门内一小片供出入之地外，均满铺厚毡一二层，便于坐卧，蒙古包外形及包内区划略如右图。

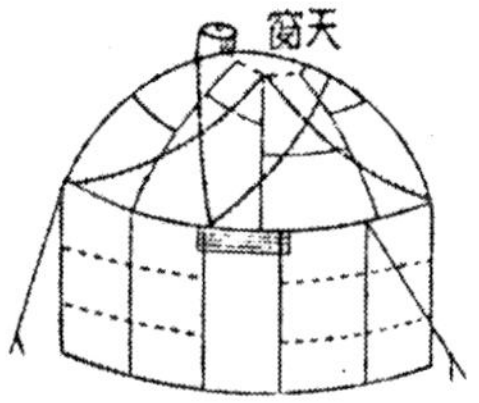

形外包古蒙

蒙古包大小普通与一间屋相等，每家一顶或二顶，三顶者极少。家中男女老少，甚至来往旅客均同卧一包之中，仅极少数富有者，专备有会客之蒙古包。睡时头均向西并卧，盖西方为佛堂，若头向他方，足即伸于佛前，为对佛不敬，外人初入其境者宜注意之。

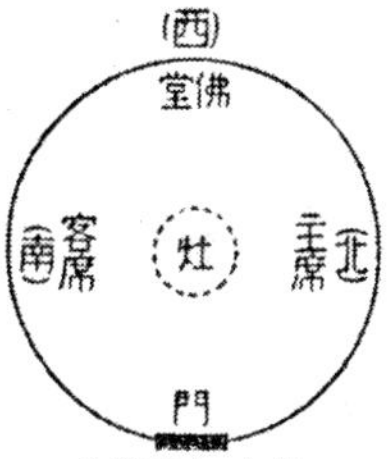

劃區內包古蒙

4. 行　额旗地面辽阔，蒙人为便于放牧计，各家独居，每家相距数十里，两家同居一处或相距十里内者较少，三家同住一地者，尤不多见，因各家相距甚远，又迁移无定，且遍地皆系荒草红柳或沙漠戈壁而无道路，若无代步之畜，颇难出门，故蒙人外出必乘驼马，夏季多骑马，冬季多乘驼，蒙人男女老少均善骑，上驼马后即认定方向，加鞭奔驰，取直线而行，直达目的地，途中遇密深之红柳或高大之沙丘，不能穿过时，则绕而过之。

蒙人骑驼马均背华丽之鞍蹬，因蒙人出门多系无事闲游或找情人等，俗称“串蒙古包”。并藉以传递消息，故出必着靴，马必背鞍，以壮观瞻，二者不备而出门者，易被人轻视，对步行者极鄙视之，称为“亚不岗”，意即穷至“无代步畜”也。故蒙人最贫者亦有驼或马一头，作代步之用。蒙人有事外出时，骑驼马身披无面老羊皮袄一件，带奶查一小袋，或更带水壶一个，于驼背上随时饮食，身体健壮，长骑不倦。急事日夜兼程，直至人极困乏时，随地令驼卧下，人卧驼侧，以老羊皮袄兼作被褥而眠，醒时上驼即行，单骑快驼或快马一日可行三百余里，由旗政府至酒泉，平时大车行十八日，骑行七八日，蒙人骑驼急行四日即达。遇国家特急事件，则选快驼，口内塞食盐，以绳紧缚之，复选壮人，上驼加鞭，可继续数日之不停急奔，达目的地驼即倒地而死，其任重负远及尽忠职责之精神，有如此者。

四、礼俗

蒙人和平敦厚，重礼而忠诚，已尽失元时横征欧亚之遗风，其和善之情形，几非外人可想及，兹略分述之。

1. 日常礼节

（1）出入蒙古包　客人不问来自何方，不宜由包后或包侧直达包门，必于相当距离外，绕于门前方再向包前进，至门前下驼马，系驼于桩，即靠蒙古包门北边入包，若垂帘即以左手启帘北边而进，有丧事时，则靠门南边或启帘南边入包，出包时亦同。所带打驼马及防狗用之棍棒等均必留包外，不宜带入包内，入包后，主客分别至灶两边，两膝相并跪于毡上，坐于足跟，与日本人类似，汉人多不惯跪，入包后即不脱鞋而坐于毡上亦可。

（2）见面叙礼　蒙人见面时互道“三道俶”，即“好”意。入包坐定后，互递鼻烟壶，其法于腰带上取下褡裢，拿出鼻烟壶，以右手持之，口向上，递交对方，至双方鼻烟壶相碰时，仍各以右手互相交换，取至鼻前稍停，再相换回复放鼻前，然后各自放入褡裢内，此礼男子见面均行之，妇女见面亦有行之者。惟男女见面时，未见互递鼻烟壶者。若一方未带鼻烟壶，即依前式把对方鼻烟壶接过，再递还之亦可。汉人前往者多无鼻烟壶，即不相递接，蒙人知汉人不习此礼，亦不以为失礼也。

下级人普通谒见上级时，缓行九十度鞠躬礼，同时两臂向下垂直，两下臂向内平横，两手直伸，手心向上，手指相接，并道“三道俶”。

蒙人行礼毕，即互问“有消息否？”“牲畜安否？”“牧草好否？”“家人小孩安否？”等，然后始论正事。

（3）招待　普通客人入蒙古包，不问是否相识或有无关系，主人均招待饮食，过路旅客借地休息者亦同，客人入包叙礼毕，主人即另煮新鲜奶茶，同时取一小木桌，长方形，高约半尺余，长约二尺余，宽约半尺，类似北方之炕桌，放于客人面前，再于箱中取出奶油、糌粑、奶查、奶皮子、油炸面饼等放于桌上，请客自行取食，富家并取出糖果、葡萄干、红枣，及其他点心等招待。吃过之后，即擦嘴而出，于门前上马，客人道“散葛里台”即“住得好”意，主人道“散亚不那”即“走得好”之意，主人既不取费，而客人亦不言“谢”，蒙人常谓：“谁能负锅行路，待客饮食，自属应尽义务，何得需索”，故无“谢谢”之虚伪名词。著者临离蒙古包时，酌赠针线火柴等蒙人必需之日用品，主人均极欢迎，深感其真诚而保有忠厚之古风，因有“醉饱仍复上征驼，扬鞭径行不谢扰”之颂词（见附录五）。

2. 馈赠　蒙人普通馈送之礼物，仅牲畜、畜产品及少数日用品等，数量多少，以贫富及事件之大小而定。惟无论馈送何物，必送有“哈达”一块，“哈达”者即绸缎也，色尚红黄蓝等，长者数丈，短者二三尺，愈长者礼愈重。其他礼物虽重而无哈达，认为礼物不周，即仅哈达而无其他礼物，亦不得谓失礼。大有“无哈达不成礼”之势，入额济纳旗者，哈达必在张掖预购，因该地有蒙古店，别处不易采办。

3. 婚丧

（1）婚嫁　额旗蒙人，男女恋爱极其自由，男女相悦，男子即可到女家蒙古包中与女同住，或少女至男家过数日等，致未婚少女常生子女。著者曾见居延海南岸达尔萃所住蒙人家有一子年三十余岁，妻死数年，有一女友，年二十五六岁，在家中同居年余，据云：该男子已预备向女家求婚，故知其婚嫁，仍须媒妁之言，举行仪式，惟多先有结婚之生活，后行仪式，致结婚礼仪，不为社会重视尔。

（2）丧葬　蒙人丧葬仪式可分野葬与火葬二种，野葬多行于平民，人死后，请喇嘛念经超度毕，以绳缚于骆驼上，依喇嘛所定之方向行走，至尸由驼背堕下时，即弃于该处，让狼吞食，数日后家人往视，如尸体已被野兽食尽，即为大吉。不然，再请喇嘛祈祷，复以驼负之前进，至自行堕下时而回，数日后家人再往视之，若仍未被野兽所食，即认为有罪，再念经超度移尸，直到为野兽食尽时止。

火葬多行于喇嘛贵族等，人死后念经超度毕，装木箱中，抬野外堆柴烧之，至尸体焚毁后，捡取骨灰，用小布包或瓦罐盛之，送于庙内贮藏或埋于土中。

4. 饮酒　由“骆驼见了柳，蒙人见了酒”之谚语，可知蒙人嗜酒之深，蒙人多饮自酿之奶子酒，亦有少数饮输入之高粱酒者。

蒙人喜真诚，遇事多先饮酒，醉后商讨，以为醉后始可忘欺诈而出真心语也。故每饮必醉，以醉为诚，饮不至醉即无诚意，若装醉即认为有意斯骗，最可痛恨，欲再与共事难矣。

蒙人因嗜酒，故赞豪饮者为英雄，饮量愈大者，愈得蒙人之尊重。前往额旗工作者，若能饮而且至醉，颇易得蒙人之协助。

饮奶子酒虽不易醉，惟既醉之后，每二三日夜不醒，蒙人有出外饮酒醉归半途倒卧，而被野兽所害者。惟汉人前往者，蒙人多知不善饮，故饮量虽小亦不以为失礼。然其劝酒之技，亦颇难应付，欲不带醉意亦难矣。

5. 唱歌　蒙人爱唱，无论工作旅行放牧一人或群集等，无不唱歌，有独唱合唱大曲调及小调等种类颇多。歌曲内容，以爱情调最多，赞美蒙古风光者次之，声调婉转悦耳，不失粗俗。每当赴山朝庙之时，男女成队，沿然唱和，颇多兴趣，尤以少女合唱为最妙，蒙人每用以劝酒。

6. 赛马　每年中秋以前，额旗蒙人举行全旗赛马大会一次，届时全旗良马齐集，鞍辔鲜明，男女老幼，衣绸穿缎，前往观看，鲜艳壮丽，蔚成盛会，为额旗最大之游艺会。比赛节目有快走，以步伐稳捷齐整为优；有跑，以四蹄伸开、稳快为上，及其他各种骑技等。蒙人无不善骑，会中颇多绝技。

7. 其他　初入其境，即觉情况安定，民乐其业，生活易谋，乞丐绝迹，保留原始游牧社会之古风。虽有贵族喇嘛及平民等，但各层间均可发生密切之真诚友谊，而不受尊卑之拘束，男女无多界限，女子之生产任务，并不亚男子，任苦耐劳，勤于操作。平时女子多在家制畜产品或放牧，男子除放牧外，多骑驼马四出探邻访友，境内新闻，短期内即传遍全旗，消息颇灵通也。

第二节　社会病态与病理

一、常识缺乏生活单调

额旗居大戈壁中，交通困难，外界文化不易传入，而内地人也少注意。蒙人游牧为生，居住散漫，集会困难，知识经验不易交换，既少学校教育，又惑于喇嘛教之念经拜佛生活，遂致境内居民知识与外界脱节，不能相携并进，而仍保其原始之游牧生活，知识之低落，远非外人所能料及。

蒙人常识缺乏，多不明世事，大部均知为中国人，尚有少数云“属中国管”。对中日战事，仅有“据说中国与日本打仗”之印象。对额旗以外之事，仅知有塔尔寺、拉萨、库伦及五台山等佛教圣地，与北京、甘州（张掖）、肃州（酒泉）、毛目（鼎新）等清朝统治时隶属关系之都市。对中国之政治情形，尤其隔膜。其有关国家社会情形，亦一概不知。著者因沿途询问其他蒙人，十九皆然。

蒙人因不易吸收外界文化，日常见闻俱系境内事物，如沙漠戈壁，红柳、陶来及日月天风与驼马牛羊牧草等，每日除吃饭、睡觉、放牧及料理家务外，殊少其他事项，生活极感单调，而少调剂，此亦蒙人易信喇嘛教以寄托精神之一因子也。

二、生产技术幼稚依赖性特强

额旗蒙人生活技术仍沿用其原始之古代幼稚方法，家畜之放牧，采游牧方式，逐水草而居，不知改良栽培及储藏牧草；家畜繁殖亦仍任其自由交配，不知育种；加工事业仅知制造极简单之数样食品。日常用具十九依赖输入，不习自造，即有少数之粗笨当地制品如木箱小桌及木桶等，多系河西之汉人工匠前往代制者；所穿之靴鞋及骑用鞍蹬等系由包头输入，甚至其蒙古包附近之羊牢，仅用枯木枝干围堆而成，高约尺许，直径数丈之简单工作，亦多系数羊之代价请汉人代堆者。而牛羊之放牧，更多请汉人担任，其依赖外界之情形于此可知。若询其“何不自制”，则答“蒙古人不会嘛”，再问其“何不学习”，仍答“蒙古人不会嘛”，如一旦与外界绝交，其生活之艰苦，实不堪设想矣。

三、卫生落后

蒙人饮食起居不讲卫生之道，终年不洗手脸，更不知洗澡，不但制造食品以手操作，即食物之入口亦以手直接递送不用筷叉，而糌粑奶油更以手调和，随时以手抓粪土，随时以手调制食品，成为习惯。

蒙人衣服由做成至穿破，从不拆洗，遇需擦之事，多以襟袖擦之，抓肉食毕之手与口，满涂油腻，即直接擦于衣袖上，碗、刀等亦用衣襟擦之，致蒙人之胸前两袖衣襟及两膝等处，均涂一层黑亮之油迹，满身腥膻，扑人口鼻。

蒙古包中容积既小，更加烧茶煮饭之熏蒸及奶制品与酸奶之气味，已使人不愿久留，而天寒时所生小羊，恐晚间冻死，亦多系于蒙古包中，与人同眠，致粪尿满身，蚤虱纵横，蒙古包四周更遍布人畜粪尿，臊气逼人。著者前往时，适逢夏季，宁厚盖露宿蒙古包外，仅为好奇心驱使，在蒙古包中睡一夜，聊试其味尔。

蒙人饮茶时一碗饮毕，以舌舐净碗内乳渍，再盛一碗，敬递他人，汉人前往者，蒙人为示恭敬并适合汉人清洁观念计，每先用清水洗碗，再以衣服或头巾擦之，然后盛茶敬客。蒙人多用细磁白碗及银碗，衣服之脏已如前述，而头巾更甚，每于擦后碗内现无数平行灰色条纹，观之作呕，蒙习敬而不受为耻辱，又觉却之不恭，势必勉强略饮而止，故入其境者最好自备碗筷，随时取用，蒙人不以为奇。

乳制品之制造与放置，亦不知注意清洁，非但腥臭，且含多量羊毛，即汉人所制之食品中亦难尽除羊毛，因有“三年一条毡”之谚。意即住额旗三年，所食之羊毛可作成一条毡也。故汉人谓“入额旗者，必能吃毛，能吃砂，能吃羊肉，能骑马，能耐饥渴”，否则颇难适应也。

额旗蒙人既不缺水而不洗刷者，因蒙人主食肉乳，油腻太甚，洗不胜洗，蒙人向无肥皂，无法洗净，而随时用襟袖擦之，极其方便，致成习惯。著者前往时，所带洋瓷碗用后，满涂油腻，所带肥皂于途中遗失，清水不能洗净，又不能用衣擦之，擦布用一次即遍涂羊油，不可复用。无可奈何中乃于蒙古包外，取沙擦之，亦不暇计及沙内之粪尿，尤以于碗内沙中捡出羊粪数粒，颇有异趣，用沙擦后，油腻尽除，再用手巾擦净，收入袋内，惟于吃手抓羊肉后，两手皆油，手上有纹，虽用沙土亦不能全部擦去，又不宜用手巾擦，亦常擦于两膝及马靴之上，颇觉方便，而深感洗刷之困难。

额旗风日暴烈，初入境者，如用肥皂洗脸，面部经风吹日晒，每易脱皮。蒙人因久居其地又常出外，不洗手脸，则面部常存油厚一层，保护面皮，可避风吹日晒之伤，又方便省事。此亦蒙人不洗手脸之故也。

著者入额旗时，无洗脸设备，又感洗脸之困难，每相连数日不洗脸不刷牙，身上亦带腥膻味，生活多类蒙人，至今思之，尤有余兴。

四、花柳猖盛

蒙人虽不讲卫生，因气候过于干燥，菌病不易繁殖，故普通传染病除猩红热外，尚不多见。惟因男女界限不严，恋爱极其自由，加之贞操观念薄弱，平常男女相悦，随时即行野合，红柳林中，随交随散，简便已极。生客到家，其女爱慕，晚即可与女眠。未嫁少女生子，亲友不以为羞。又蒙人男子多当喇嘛，喇嘛虽不娶妻，而多不守清规，平时无事即寻花问柳，蒙人妇女复迷信与喇嘛交合，可生贵子，因大开方便之门。平时男子无事多跨马乘驼至邻居访情人，串蒙古包，各家相互串走，蔚成风气，致其性交过乱，又不懂卫生，花柳病遂蔓延猖獗，全旗普通蒙人多难幸免，即十一二岁儿童，亦有得性病者，外人入该区者应特别注意及之。

五、人口渐减

蒙人因当喇嘛者太多，约占总人数七分之一弱，喇嘛不得结婚，生育自然减少，蒙妇因性交过乱，颇难受胎，即令受胎，因花柳病影响，每易流产，而出生之后，不懂育婴卫生之道，更易死亡，幼儿不会走时，日常大人外出，将小儿用带系于蒙古包内，常与羔羊同系一处。饥时哺以羊乳，哺法用羊角尖端钻一小孔，放幼儿口中，角基口向上，倾入羊乳，小儿于尖端吸饮之，养育之简单如斯而已。婴儿之成活长大者，确系经历九死残余之精英，允称不易，蒙人更不懂医药，有病即请喇嘛念经祈祷，故死亡率颇大。

由以上诸因，致人口之增殖率极小，虽乏精详之调查，据熟悉额旗之汉人估计，近年全旗每年约出生成活四人，其人口成活出生率为千分之四.二（汉人不计），而全旗每年约死成人七人，其成人死亡率为千分之七.四，每年人口绝对减少三人，即人口增殖率为负千分之三，如不急谋救济，其人口前途，实堪忧虑也。

104~119

第八章　建设额济纳旗建议

8. 建设额济纳旗建议

第一节 确立建设目标

额济纳旗既扼绥兰新军事联络指挥所之要津，复因戈壁坚平可作西北国防之空军基地，其国防上之价值，已述于前（见第一章第二节）。本旗面积虽大，经济价值虽甚低，然能因地制宜，加以人力之改造，亦不无发展希望。今后一切设施，似宜以发展经济，改进交通，促进文化为主。兹就管见所及，略一论之。

一、发展畜牧事业繁殖军用驼马

额旗全年雨量不足三十公厘，年平均温度仅约五度，作物生长期仅百三十余日，霜期长而无定，风沙过大，兼以土壤含碱太重，若行大规模农垦，困难颇大，河边冲积土虽较肥沃，因雨量不足，必靠灌溉，而地下水含碱过重，多不宜灌田，即含碱较轻者，灌溉日久，亦难免不生弊端，大规模之凿井开垦，势所难能。若引河水灌田，额济纳河上源弱水、临水均出河西祁连山中，山丹、民乐、张掖、临泽、高台及酒泉、金塔、鼎新等县农业全赖弱水与临水灌溉，常苦水量不足，金鼎二县，上游稍远离，缺水尤甚，每致歉收。是以春播以后，额济纳河常遭干涸，可知额济纳河水量不足上游应用，自无余水供下游额旗农垦，即令以后上游修建新式农田水利工程，采用科学技术，充分利用天然水源，节蓄水量，而前述八县现有耕地共仅一九九三方公里[1]，各县耕地面积除民乐占总面积百分之二四.四外，其余各县仅占百分之一至一二[2]。据一般曾赴河西考察者粗略估计，河西可垦荒地面积（包括生荒与熟荒）超过已耕地面积以上，河西农业自然环境温度、雨量、土壤等远优于额旗，故河西之农垦易，且产量高而稳，至河西荒地大量开垦后，因采用新式水利技术与工程水量之应用，更为精密，必至河西天然水源，尽为河西应用，恐尚难全垦河西之荒地，将更无余水以适时供额旗应用矣。就国家经济之立场论，亦应尽先开垦河西之荒地，以增国家财富也。将来河西若河渠兴修，大量开垦后，额济纳河下游之水量即减少，则额济纳旗之地下水位亦随之降低，而影响额旗凿井之不利。吾人瞻望河西农垦，知额济纳旗虽有肥沃土壤，亦无充足之水源资供农垦也。

更就冲积土本身观之，是土密生红柳芦草为最优之牧场，系额旗牧业之生命线，不宜轻易变更利用。黑城一带昔曾行大规模农垦，且生长良好，三百年来，良田美池，已尽变为沙漠戈壁，颓垣破瓦，鸟兽绝迹，其荒废原因，虽未确知，究系社会原因，人去沙来，抑自然原因，沙驱人去，或水绝人去而沙来等，若未经精确之长期试验研究，骤行大规模农垦，初期虽可丰收，恐沙砾日积，碱质上升，土壤渐变硗瘠，卒至不能耕种，耕者被迫而去，更变为沙漠戈壁，草木不生，虽欲重为牧场，亦不可得，其演变之程序，图示如下。

优良牧场 —（农垦）→ 良田 —（继续耕种）→ 瘠地 —（耕者离去）/（沙砾来）→ 沙漠戈壁

此种事实于接近牧区及森林之新垦区中常见不鲜（参看附录二），是为土地之不正当利用。额济纳旗之经济资源，本极贫乏，此

①陈正祥著：《河西走廊》十四至十五页。

②见陈正祥前著书同页。

仅有之优良牧场，绝不允轻易变更利用，以免摧残其生产机能，故额济纳旗之土地利用，宜以畜牧为主也。

额济纳旗既以畜牧为主，则河西收获后，多余水量，额旗可设法引灌牧场，目前额旗仍行游牧，不知管理及改良牧草，听其自然生长，因牧草之生长条件远低于农作物，故虽有少量之水不依严格时令，亦可灌入广大牧场，培养大量牧草，远胜于听其自然生长。再行改良牧草，采新式牧畜方法，修筑简单畜舍，割储牧草，改良畜种，防治兽疫，及注意各种家畜保健事宜等，施行集约经营，则额旗畜牧前途尚可相当发展。依蒙古人民共和国近年畜牧进步情形为准①，改进之后，家畜数量，至少可增加四倍以上，绝无问题。

蒙古马耐劳而善驰，奔走沙漠戈壁，如履平地，自古为兵家所珍。骆驼任重负远，尤为沙漠戈壁之宝，二者平时为西北沙漠交通之主要工具，战时系角逐沙漠疆场之利器。成吉思汗赖之，曾横征欧、亚、非三洲。今后边疆一旦有事，主要交通路线有完善之军事设备，而广大无垠之沙漠戈壁无险可守，机械化武器及普通军马均难穿越，攻守运输，惟骆驼及蒙古马是赖。额旗既有优良之牧场，又系骆驼及蒙古马之故乡，尤以居延海滨水草富饶，正可利用以大量选育繁殖军用驼马，以建设吾国骑兵也。

二、施行小规模农垦栽培园艺作物

额旗既以畜牧为主，牧民生活最缺乏者，为新鲜蔬菜及水果，二者蒙人极珍视之。今后人口日增，远道输入菜果供军民食用，既

①据蒙古人民共和国《蒙古民权报》“蒙古纪元三十一年七月十四日”发表牲畜总数：一九二四年为一三、七七六、○○○头，一九三九年增至二六、○○○、○○○头，第十次全蒙代表大会决议，预计一九四五年增至五○、○○○、○○○头，一九五○年增至二○○、○○○、○○○头。

不经济，又不新鲜。且近年蔬菜栽培，试验颇为成功，故宜于水滨冲积土中，选碱轻之地，作小规模之农垦，以种蔬菜果树为主，兼植谷物，其量以充分供给额旗需用为原则。额旗牧民除食乳肉外，又有充分之蔬菜瓜果及适量之谷物佐食，营养得以增进，生活自然改善也。

额旗虽天然条件不宜农垦，惟小规模之园艺事业，因经营集约，可采新式方法，设置温室暖床，提前播种，延期收获，应用促成栽培，防霜防风及其他保护工作等，以延生长期而避伤害，因规模小，控制自然之技术较易施行。就土地论，于沿河两岸及居延海三角洲上，随处皆可选得小规模之淡碱地。就灌溉论，因淡碱土上所掘之井，水亦较淡，可灌田禾，即令引用河水，亦因需用量小，便于蓄引，若全部小农场于播种时皆必需河水时，亦可由政府规定分用上游一日之水已足应用，故此小规模之农垦，于气候土壤水分及技术等均无问题。若试验成绩特佳，而河水有余时，尚可酌量试行谷物，牧草及休闲式之轮作制，以增辟小规模之谷物农场，若栽培数年后，有土壤渐硬或渐瘠等现象发生时，立即栽培牧草复为牧场，另垦新土，因规模小地方改变较易，绝不至浪费地力，或有损土地生产机能也。

三、研究造林吞沙绿化戈壁沙漠

森林有调节气候、防止风水冲刷、阻挡风沙、点缀风景以及增加经济收入等功效，近来每谈建设西北，无不首重造林。尤以西北沙漠逐渐南移，沙漠内缘良地房舍被流沙掩埋之事实，常见不鲜（参阅附录二），依近百年之内侵速度，数千年后秦岭以北将尽成沙漠，江南各地亦变为今日西北之荒凉景象，实堪忧虑。有识之士，因倡沿沙漠内缘，西起昆仑，东迄内兴安岭，造万里防沙长林，阻沙南侵而保漠南农业之安全，其壮志美意，虽可钦佩，惟行之不无问题。如植树地址与沙漠距离采用树种，森林长成后，所阻之沙降积林内，年久沙增，林木能否继续生长于流沙堆中，森林是否会被沙埋没，凡此种种均值得吾人事先注意研究者也。

前于森林节中已述及陶来、红柳及梭梭等沙漠稀有树种，皆可繁生于高大沙岭沙丘或极干戈壁之上，虽可长成茂盛森林，宽者十数里，长达数百里。而流沙飞起，高达数十丈，远达数百里，有限之低矮森林，何能阻挡无限之高远流沙，尤以陶来林中，流沙堆积数丈至十数丈，陶来虽可继续生长，其他树种非但难继续生长，且有被流沙掩没之虞，故万里防沙长林，恐既难阻南侵之流沙，复有被流沙吞没之危，即令能尽厥功，亦仅消极之防沙而已。对广袤无限之沙漠戈壁，仍听其荒废，无何裨益也。

造林防沙工作，于开封、敦煌、金塔及鼎新等地，成绩颇佳，尤以敦煌近年农民目睹流沙侵入农田，致耕地渐缩，而见造林田边，确能阻沙侵入田中，乃纷纷自动造林。金塔、鼎新农民所造之防沙林，最优者共分三重。外侧为枝条丛生之灌木，多属毛柳、红柳等；中间为树冠密茂之乔木，如杨柳、榆等；内侧密排主干高直之白杨，高达三四丈，三重宽度合计约一丈。三层树冠相接，由地面直达白杨树梢，如一带绿墙，飞沙非阻降林中，即越树远去，难落田中，功效颇大。金塔北境王子庄一带沙漠河边农田，田边均密植毛柳或芨芨草等以阻沙侵入田中，功效亦宏。此法于小规模之农田，确实有效。各农田间无树林保护之处，常存沙堆，若年代久远，流沙继续内侵至农田周围皆布满沙漠时，此小规模之防沙林，是否会被沙漠吞食，尚成问题。

另于宁夏北部之平罗县，二十年前境内多沙漠沙丘累累侵及城垣，近数十年赖黄河灌溉之利，移民垦殖，人口渐增，流沙渐退，昔日之沙丘沙岭，今多变为良田，绿柳屋舍俨然，是沙漠又被田地树木所吞食也。

吾人于沙漠边缘，常见无人居住之破房颓垣以内，满积流沙，邻近有人居住之房屋，流沙多退居相当距离，村落外侧，常横积数丈高之沙岭而不侵入村内，村角无人之颓垣，常覆堆流沙，黑城城高数丈，今虽完整无缺，西城墙外侧及北墙内侧，堆积流沙高与城齐。著者曾由西墙外侧沙堆上爬至女墙入城，以助记忆，城内更遍布细沙石砾，新疆沙漠中之废城更常见不鲜。

上述事实值得吾人注意研究者，为沙与人之进退关系。

西北沙漠已有数千年之历史，其南移之速度若依近百年为准，则沙漠早伸及秦岭，何为仍偏居西北。著者以为流沙之南移或系社会原因，变乱频仍，人口逃散，田园荒芜，致沙漠侵入。如人口复原，常年经营，旧有流沙，一部随风飞去，一部为耕作等方式吞食，沙漠又复退却，平罗即其一例。而不正当之农垦，变天然优良牧场森林为耕地，终至田瘠人散而变为沙漠，似亦为沙漠南移之一因。

我国西北之沙漠与中亚及北非之沙漠，原为一完整之大沙漠，系亚非大陆最干旱之区，其间情形多雷同之处。我国戈壁中，除前述之陶来、梭梭、红柳等外，尚有沙枣等及沙漠戈壁特有之小灌木（参阅附录一），此种小灌木若加人工培育，或有改良长成小乔木或较大灌木之希望，如沙漠中与沙漠边缘之红柳、榆树等皆为灌木，若加人工，均可长成为乔木。贺兰山之榆树，若不加人工，即长为灌木，故宜于撒哈拉、中亚、新疆及蒙古等大沙漠戈壁中，广搜入与沙进退相关之资料，并罗致适应沙漠戈壁植物，于新、甘、宁、察、绥等省择适宜地点，广设试验研究场所，研究造林吞沙、绿化戈壁沙漠之法，实为建设西北之基本工作。如能成功，则西北之沙漠戈壁将尽变成沃壤，为富饶之经济资源，并可改善气候，点缀风景，中亚、北非之人将同受其惠，岂仅造福我国人民而已哉。

第二节　发展交通事业

一、修理境内公路

1．额肃公路，由酒泉至建国营间汽车路，全长约四百公里，其间红沙窝一带约五公里，沙夹道一带约七公里，均系沙窝，无法绕过，必加人工修理，方可自由通车。金塔王子庄一带约二十公里，亦多需加工之处，其余多属平坦戈壁，仅隔相当距离，建立路标，即可通车，惟金塔境内桥梁必须重修，载重汽车始可通过。

2．绥新及额库汽车路　此二路沿途沙窝虽少，亦应略事修整，并建立路标，以免绕道过远或迷途之弊。

3．踏勘其他公路　额旗境内多戈壁，除沙窝外，汽车均可任意行驶，故宜派大批专门人员，多方踏勘地形，建立标记，以备随时通行。而额旗至鼎新及鼎新至高台间，多系硬戈壁，宜立即派员踏勘路基，仅设简单路标或稍事修整即可通车。于青山头过河之处筑便桥，因河狭水浅，河岸产大量陶来杨，更靠近狼形山有木石之便，修筑颇易。实为救济额旗交通刻不容缓之工作，关系城乡交流匪浅。

二、利用额济纳河（试用皮筏与冰车）

额济纳河水量变动虽大，但有季节性，能预知其水量增减之时期，可就其变化而利用之。青海、兰州、宁夏间，黄河中所用之羊皮筏，有二市尺以上之水量即可通行。额济纳河除五、六月与九、十月间水量特少之时期及结冰期外，四、七、八全月及六、九等月之一部均可通行羊皮筏，一年约有五个月之久，凡河西欲运往该旗之货物，均可集中此数月内，以羊皮筏运送之。十三只皮囊之筏可载五百余斤，筏至终点时货物卸下，羊皮筏拆散，放气成为羊皮囊，每驼可负数十筏之羊皮囊而归。水大时可用许多小筏连接成大筏而下水，小时则分成个别之小筏，每筏仅需一人顺流而下，因水流速度较小，每日约可行六十至一百市里之间。由鼎新至老西庙约四至六日可达。由老西庙至建国营约一二日可达，速度较牛车快一倍以上，而人工与畜力之节省更不可比。今河西居民应公差赴额旗送粮草者，均用牛车，携带衣被灶具及人畜往返食料等，途程过远，每车仅运粮三四石，日行三四十里，耗费既大，需时又久，途程艰苦，更常夺农时，甚至役畜倒毙等，故宜早日试办，以苏民困也。

冬季天寒时，河水结冰，厚达三尺以上，车马均行冰上，可专做冰车，以马曳之或以人推之，行于冰上，往返咸宜，迅速省力远胜驼马及牛车以上，亦宜试办之。

三、发展航空事业

额旗境内多沙漠戈壁，各种水陆交通工具俱难通行，惟境内大多系硬戈壁，坚硬平坦，草木稀少，实为极良好之天然飞行场所。飞机随处均可起落，稍加人工管理，即成良好之飞行站。帝国主义者日本于一九三四至一九三五年前，常有飞机往返，故本旗今后极宜发展航空事业，建立大规模的国防空军基地。地近玉门油矿，汽油便宜，运费低廉，易举而效宏，利莫大焉。

第三节　移民实边

一、移入人民之任务

1. 充实边防　额旗面积虽大于江苏，而人仅千余，入该旗者每行数日不见人烟，如入无人之境，故必酌移内地人口，以充实之，边防始固。若调大军常期戍守，耗费国用，若行军人屯垦，一旦太平洋有事，军队内调又行空虚，俱非所宜。设能酌移内地人民，前往经营农牧工商等业，置产定居，任何变动，人民均地著不移。东部紧急军队撤退时，人民可自行组织地方民兵戍守。

2. 增加劳力从事园艺　额旗因人力过少，劳力不足，一切加工事业——盐碱、造纸、伐木、蒸馏制器等，均无法兴办，尤以今后之园艺事业，非移内地有经验之农民前往不为功。

3. 调和汉蒙文化　额旗蒙人文化落后，已如前述，若移入汉人，可帮助蒙人提高文化，更配合其真诚敦厚之风俗，融洽交流，庶几相得益彰。

二、移入人数与方法

1. 移入人数　额旗可兴办之事业仅园艺、盐碱、木材与文化、交通等，各项能容纳之人数不多，即连政、警及自由职业等合计，约仅能容四千二百余人。

就园艺事业论，宜垦之冲积土面积虽广，而额旗人口不多，消费量有限，全旗合理建设之后，全境约仅五千余人，移入农民百户，即可供给额旗之充分需要，每户以五人计，共约五百人。

盐碱之储量虽富，尚乏精确勘测，事业之大小未可轻言，惟采盐之地现有三处，至少可设精盐厂一所，暂定需职工百名，每人连眷属以三人计，共约三百人；采碱业暂以一厂计，至少亦需职工百人，连眷属共三百人。

木材事业包括伐木、蒸馏造纸、烧炭等陶来与梭梭二林，每种至少可容职工五十人，连眷属共约三百人。

教育文化事业，全区设小学十所，每校教职员五人；中学一所，教职员十人，共计六十人，每人连眷属以三人计，共约一百八十人。

交通事业，该区因较荒凉，将来如兴建铁路，其站不宜过密，公路亦然，铁路约共需四站（青山头、喇嘛庙、建国营、策克），每站五人，共二十人，另加道班工人二十名，合计四十人，即敷应用。公路以每三百市里一站计，共需十站，每站三人，共三十人，与铁路职工每人连眷属以三人计，共需二百一十人。另设飞行场一所，约需五人，连眷属共十五人。全部交通人员共约七十五人，连眷属共二百二十五人。

政、警人员共计以百人计，连眷属共约三百人。

国防要塞区共以十处计，每处三十人，连眷属共约九百人，国防要塞虽系军事，因守塞巡边人员，深居沙漠之中，不宜短期调动，以熟习地理，有常住性，必携眷属方可安居，故亦计入移民数内。

自由职业者共以二百人计，连眷属共约六百人。

其他工作人员亦以二百人计，连眷属共约六百人。

以上各种主要工作人员共约一三三五人，连眷属共四二〇五人。兹列简表如下：

额济纳旗拟移入人数概况表

类别	主要工作人员	连眷属合计人数	备考
农垦园艺	一〇〇	五〇〇	平均每户五人
精盐工业	一〇〇	三〇〇	平均每人带眷二人
制碱业	一〇〇	三〇〇	同上
林业	一〇〇	三〇〇	同上
教育文化	六〇	一八〇	同上
交通	七五	二二五	同上
政警	一〇〇	三〇〇	同上
国防要塞	三〇〇	九〇〇	同上
自由职业	二〇〇	六〇〇	同上
其他	二〇〇	六〇〇	同上
合计	一三三五	四二〇五	

2. 移入方法　上述各种工作人员，并非全部同时移入，当就其缓急，渐次移送。农垦园艺人员，必富农作经验方可胜任，可选兰州人及由山东自行迁至陕、甘、宁等省从事园艺工作者充任，因兰州市郊蔬菜果树事业极发达，人民颇富园艺经验，兰州气候亦颇干寒，近似额旗，经营技术多有参考价值。山东人在近数十年自动迁入陕、甘、宁等省者颇多，初多充佣工，渐有积蓄，租地种瓜，数年之后即变为自耕农，其吃苦耐劳及冒险之精神，与丰富之农事经验，实堪钦佩。山东及兰州人生活艰苦，易于征选，更易适应额旗之气候，以之负担额旗农垦园艺工作，确属游刃有余。

移入之先，必由政府妥为筹划，派员勘定垦殖地址，设计经营规模，准备应用食粮、农具、家畜、种子、肥料及房舍等，可分期移入。第一期移入二十户，第二期移入三十户，第三期移入五十户，各期时间以额旗建设发展之结果而定。如交通无问题，虽同时移入百户，一年之后均可自给，决不至发生问题也。

第四节 调整行政制度

一、改隶酒泉行政区

居延环千里沙漠戈壁，水草贫乏，交通艰难，额济纳河由南境流入，人畜沿河出入，尚有水草之利，困难较少。昔张掖为河西军政与经济重心，居弱水上游，故民国初年以前入额旗者，无论官兵商旅，均由张掖启程，沿弱水而下，是以历代居延政治均隶甘州（张掖）。一九二八年后，虽划归宁夏省，因由宁夏至额旗，若穿阿拉善沙漠而行，备尝艰辛，且需特殊设备。往返需时二三月，如由张掖沿弱水而下，往返需时约四十余日，途中艰险较轻。若由酒泉顺临水而下，乘牛车最迟十八日可达，旅程又较安适，由酒泉乘汽车前往，一周可往返，为时更短，故自宁兰及甘新公路通汽车后，直至今日，不但内地人入额旗者，取道酒泉，即宁夏人前往，亦多取道兰州酒泉，致名义上额旗虽属宁夏，实则交通困难，不易管辖，与宁夏殊少关系，为便管辖而利将来建设计，居延县宜改隶酒泉行政区，以提高行政效率也①。

二、提高喇嘛政治觉悟

过去清廷因利用喇嘛教麻醉蒙人生活，消灭其勇武精神，减弱其人口势力，俾蒙人终日醉心于阿弥陀佛之乡，永久臣服，故提高喇嘛特权与地位，引起人民尊崇喇嘛、笃信喇嘛教之心理，实系羁绊蒙人

①按：额旗最近已改划归甘肃省暂行代管。

之最毒利器，致元初横征欧亚非三洲威震一时之民族，仅三百余年，一变而为衰颓不振。为挽救蒙人于危亡之途，增殖人口，急宜帮助蒙人提高知识水准，加强其政治觉悟，使游牧的自由人民抬头。一面更广事宣传，以减低蒙人迷信之心理，而解放其思想，改造其劳动观念，俾用其精力于创造文化、从事生产之途。蒙古人民共和国，应用此策，成绩卓著，可资借镜。

第五节　改善蒙人生活

一、提高知识程度

蒙人只知念经拜佛，不明读书识字之益，知识落后，已如上述，故宜于适当地点增设学校，施行普及教育政策，视一般特殊情形，施行宣传教育，使蒙人乐送子弟入学，蒙人男女界限不严，女子教育发展尤易。

成人社会教育，酌设社教补习班，搜集改进蒙人生活之资料，大量印行图报刊物，并设备电影、留声机及无线电收音机与幻灯等，更为推行社教之利器。

学校及社教之教材，应聘专家编著，文字语言，以采汉蒙两用为原则，因蒙文在额旗尚无根基，汉文推行较易。

二、提高生产技术

蒙民不习工商，即游牧事业亦保其原始之落后制度，致经济之收入低微，而乏普通之物质享受，故宜提高蒙人之生活与技能，非但畜牧应采新式科学方法，即食品加工及其他工商等业，蒙人亦应学习，而免一切用品依赖外人之弊，生产技术提高，生产效率自增，收入因之加多，生活始可改善也。

三、注重医药卫生

蒙人不知医药卫生，有病唯知念经祈祷，其生活环境及饮食用品之脏，已如上述，急宜设法制造或运入大量肥皂，并教以用碱洗手脸衣服被褥及洗澡等，以重身体卫生，煮沸刷洗食品用具以重饮食卫生，规定厕所及家畜休息地址，远离蒙古包或房舍，以重环境卫生。并输入大量药品器材，设立医院，并派往医生诊治疾病等。推行之先，除多方宣传外，必供以廉价之用器药品或赠送之，更教以用法与示范，方易收效也。

四、普遍扑灭性病

蒙人缺乏性知识又无贞操习惯，致花柳病蔓延甚盛，人口日减，此实为最大之危机，如不急谋救济，其人口必自行消灭。救济之道，厥唯宣传婚姻法，建立一夫一妻制度，施行性教育，使度正常之性生活。并宣传性病与民族之关系，俾蒙人深知其利害，复运入大量性病药剂，普遍严格注射与检查，举行大规模之扑灭性病运动，如此多方并进，性病自减，此为改进蒙人生活增加人口最重要之工作。

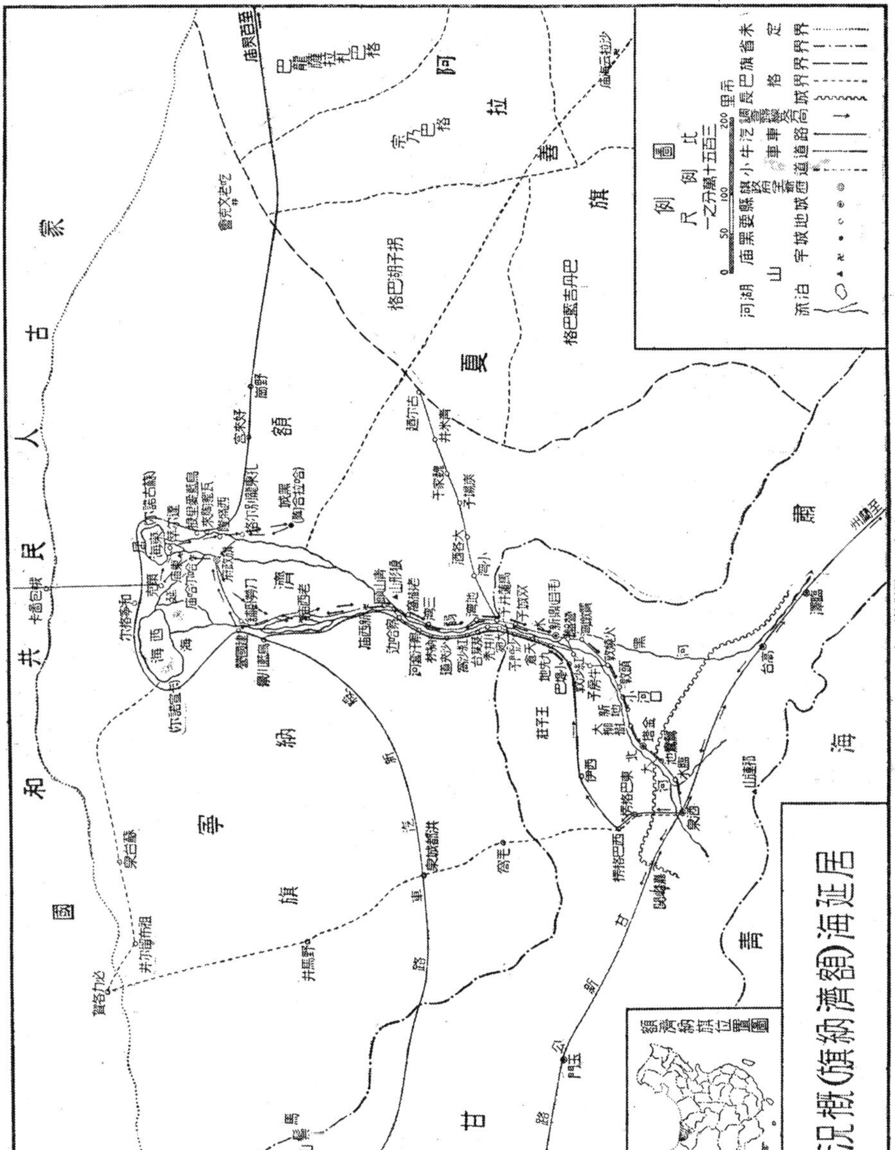

居延海(額濟納旗)概況圖
額濟納旗位置圖
比例尺
三百五十萬分之一
例圖
蒙古人民共和國
甘肅
寧夏
阿拉善旗
額濟納旗
西海
東海

120~137

附　录

（一）额济纳旗植物

额济纳旗植物，共约百十余种。著者前往时，当九十月间，共采标本九十一号（内有三号遗失），额旗面积辽阔，行走路线，仅限额济纳河沿岸，据著者估计，因时间及地域关系，未被采集者约二十五种左右，当为稀少而不甚重要之植物。

采集标本鉴定结果，计三十科，尚有不知科别者七种，合共八十六种。其中大乔木一种，即陶来。小乔木一种，即沙枣。大灌木二种，即红柳与梭梭。小灌木十五种。其余六十七种为草本。其中除马绊肠为毒草及骆驼蓬，牲畜不食外，均可充牧草之用。

额旗牧草种类虽多，实则产量多而富养分者仅红柳、芦草、芨芨等三种，因合称“居延三大牧草”。戈壁中植物简单，生长特疏，能普遍适应而产量较多者仅麻黄、黑子刺、枇杷稞、黄毛头及老鸦秧等五种，因合称“居延戈壁五大植物”。全境植物因均必须具有抗碱、旱、寒、风等四种特性，故其形态与内地异，除水滨少数植物外，均有数共同特征，即植株矮小枯瘦，叶少而小，多变为针形或鳞片形，枝叶多生绒毛，皮层厚而硬，致畸形怪状，充分表现与碱、旱、寒、风等奋斗挣扎之艰苦生长情形。

植物标本共采二份，一份赠送国立西北农学院，一份交中央林业实验所技正王战先生带存该所研究，另有专著。

标本之鉴定，多得王技正之助，行至兰州时，曾分请国立西北师范学院生物系孔主任宪武及中英庚款甘肃科学教育馆博物系何主任景代为鉴定，特此聊志谢忱。

兹将额旗植物概况，依科别简单列叙于后，首书中文名，随写学名，再于括号内记采集号数。

1. 萝摩科 Asclepiadaceae

（1）羊脑蔓 Cynanchum Pulescens Bge（262）主生棕碱滩上，俱长蔓，长者丈余，常附红柳及陶来枝干上，亦有附麻黄上者，全旗均有，南部特多，非良好牧草。

2. 蛇母科 Balanophoraceae

（2）肉苁蓉 Balanophora Sp.（遗失）主生沙窝中。

3. 紫草科 Borraginaceae

（3）（204）生嘉峪关上。

4. 石竹科 Caryophyllaceae

（4）Spergularia media C.Don（257）生于策克居延海边，产量甚少，无多大经济价值。

5. 黎科 Cheuopodiaceae

（5）沙米秧（沙蓬）Agriophyllum arenarium（283）生于极干燥之沙窝中，全旗均有，骆驼及羊吃之。

（6）Bassia dirarícata F.muell=chenolea divaucata Hook B.（267）生于棕碱滩中碱质较重之处，枝叶中含大量碱分，可以烧碱，骆驼及羊食之。

（7）青毛头 Bassia Sp.（268）生于额旗北部棕碱滩边缘，为量不多，骆驼喜食之。

（8）软毛虫实 Carispermum J.（290）。

（9）绵蓬（施氏虫实）C.Stauntoni（287）生棕碱滩中，全旗均有，骆驼及羊吃之。

（10）Carispermum Sp.（284）生沙窝中，全旗均有。

（11）刺蓬（钾又明科）Salsola Kali L.（220，222）分布全旗棕碱滩中，东西海滨及策克等处。

（12）碱蓬稞（灰蓬纳又明科）S.soda L.（202，275）主生白碱滩中，戈壁中间亦有之。分布遍额旗及河西等地，覆生地表，抗碱性强，枝叶中含大量碱质，可烧灰取碱，亦可直接用其鲜枝叶洗衣（用其中碱质），骆驼喜食之。

（13）Suseda salsa（233）由酒泉至额旗，均有生长。

（14）Suaeda Sp.（207）嘉峪关外主要植物，骆驼喜食之。

（15）碱柴 Suaeda Sp.（242）生于额旗黑碱滩及白碱滩中，种子可榨油，骆驼食之。

（16）碱蓬稞 Suaeda Sp.（286）生于黑碱滩中，骆驼喜食之。

（17）梭梭树（查干）Xylodendron ammonodendron（241）生戈壁中，详阅本章森林节，嫩枝条，骆驼食之。

（18）碱柴（238）生于河西、酒泉、金塔等地，关外特多，驼羊食之。

（19）白条刺（249）小灌木，生于东西河间之戈壁及棕碱滩上，极为普遍，嫩枝条，骆驼及羊食之。

（20）碱蒿（266）东居延海水滨特多，骆驼食之。

（21）草盐角（盐梭梭）Salicarnia herbaceae J.（265）生于黑碱滩及白碱滩碱质最重之处，为半尺以下小灌木，叶鳞片状，嫩枝软柔，含多量水分，紫红色、鲜艳夺目，东居延海特多，骆驼食之。

6. 菊科 Compositae

（22）百花蒿 Artemisia centiflora（208）嘉峪关外主要植物，骆驼喜食之。

（23）A.dracunculus var（230）自酒泉以北至额旗，均有分布。

（24）A.Frigada nallt（244）额济纳河下游，戈壁中间碱滩中主要植物，为骆驼之优良饲料，瘦驼饱食十余日即渐肥壮。

（25）A.pecnata（239）生黑碱滩中，全旗均有，多呈单纯社会。

（26）黄毛头（臭蒿子）Artemisia Sp.（277）生戈壁及棕碱滩中，青山头以南特多，可充燃料，驼羊牛骡均略食之。

（27）黄蒿 Artemisia Sp.（遗失）生白碱滩外缘之硬碱土中，疏生，成单纯社会，骆驼略食之。

（28）Aster alipsoides（206，236）生于祁连山麓及戈壁上，金塔东南山间常见，骆驼食之。

（29）Gnaphalium Sp（遗失）生于嘉峪关台地上。

（30）苦菜 Centurea picris pall（245）生戈壁间棕碱滩中。

（31）Inula Britanica（224）自酒泉以北直达额旗均有。

（32）黄花子 I.salsclacdes（256）生于水边碱滩中，不甚多。

（33）Lactuca chinensis（261）生于酒泉以北碱滩中，不甚多。

（34）Lactuca tabarica（221，261）居延海及黑河沿岸均有，惟不多。

（35）Saussurea Japanica（231）酒泉以北至额旗均有。

（36）Senecio Sp.（227）与no.231同。

（37）（205）嘉峪关上有之，额旗亦有，不多。

7. 十字花科 Cruaferae

（38）Lipidium Sp.（246）额济纳旗西盛隆北有之。

8. 莎草科 Cyperaceae

（39）Eleocharis Sp.（225）酒泉至额旗均有。

9. 胡颓子科 Elaeagnuceae

（40）Elaeagnus angustifolia（289）河西较多，果大可食，额旗较少，果小味差，为额旗之自生小乔木。

10. 麻黄科 Ephedraceae

（41）麻黄 Ephedra equisetina Bge.（254）全旗戈壁中均有，极为普遍，为戈壁五大植物之一。高不盈尺，可入药，骆驼略食之，马鹤天《内外蒙古考察日记》中所称之怪草，茎叶不分尖端卷曲者即此。

11. 木贼科 Egnisetaceae

（42）Egnisetum ramosessimum qeof（213）金塔、鼎新以南颇多，额旗未见。

12. 大戟科 Euphoibiaceae

（43）Euphorbia Sp.（233）三湾河岸有之，高及三尺，他处少见。

13. 禾本科 Graminae

（44）Crypsis aculeata Ait（258）策克水边有之，据云河西亦有。

（45）芦草 Phragmites communis（212）全旗除戈壁外，随处可见，抗旱抗碱性特强，可高登河边沙岭之巅，深入碱水湖滨与碱滩之中，普通高约三、四尺。东海之滨，牛长最盛，高可及丈，粗如笔杆，以东河下游及青山头一带最多，常与红柳间生，为额旗最重要优良之四大牧草之一。

（46）铺茅 Pnccinellia Dioffans Parl.（260）策克有之，不多。

（47）线形铺茅 P.filifarmis（255）生于水边沙地中，不多，河西及策克均有之。

（48）芨芨草 Stipa splendens（252）全旗碱滩中均有，高可及丈，呈单纯社会，以青山头及河滨最多，幼时为各种家畜之优良饲料，系额旗四大牧草之一。

14. 鸢尾科 Iridaceae

（49）Iris ensata（217）额旗南部有之。

15. 灯心草科 Juncaceae

（50）Jueas Sp.生于碱滩中。

16. 唇形花科 Tabiatae

（51）地花椒 Menta Sp.（210）河西、酒泉、金塔、鼎新等县之园艺作物，高约尺许，枝叶有花椒芳香，故名。

17. 豆科 Legnminosae

（52）骆驼刺 Alhagi camelorum（209）主生戈壁与碱滩间，过渡之轻棕碱滩上，常呈单纯社会，系半尺以下之小灌木，骆驼喜食之。俗云：“人吃辣椒，骆驼吃骆驼刺，各有所好”，全旗虽均有分布，而产量不多。

（53）马绊肠 Astraglus sefleai tifulata（235）主生淡碱滩水滨及白碱滩中，家畜食之，渐瘦至死，为额旗惟一而习见之毒草（醉马草，额旗尚未发现，河西颇多）。

（54）甘草 Glycyrrhiza glabra（215）主生棕碱滩中，常呈单纯社会，骆驼食之，根可充药，甘草根粗，大可充手杖。

（55）白芨芨 Hedysarum multijugum（272）生额旗南部戈壁

中，溪水附近尤多。河西戈壁亦有之，夏秋间开紫色蝶形花，为枝条疏细高约二尺之灌木，微风吹来，迎风招展，予戈壁旅行者一极大之安慰。骆驼吃之，亦可充燃料。

（56）苦豆子 Sophora alopeculoides（211）河西及额旗到处可见，尤喜生戈壁中轻碱滩及棕碱土中，常呈单纯社会，主作绿肥之用。

（57） Thermopsis Fabacea（201）生嘉峪关台地上。

18. 百合科 Liliaceae

（58） Asparagus officinalis T.额旗不多，散生红柳株下及沙土中，芨芨草中间亦有之。

（59）沙葱 Allium Sp.（未采标本）生沙地或戈壁中，狼形山上及河口南两岸群山中，河西农民常跑数十百里外掘之充菜食，据云可治寒腿病，河西各地均有生长，驼羊食之。

19. 矶松科 Plumbaginaceae

（60）羊花肚子（金色矶松）Stadice aureum L.（274）主生干燥戈壁中或戈壁中沙土上，高约尺许，花色金黄可爱，全旗均有，骆驼食之。

（61）S.Gmelini Kuntze（282）酒泉以北有之。

20. 蓼科 Polygonaceae

（62）老鸦秧 Calligonum mangolicum（243）戈壁中主要植物之一，骆驼食之。

（63）荞麦柴 Atrphaxis manshurica（247）东西庙间戈壁上极普遍，常与霸王黑子刺等混生，驼羊均食之。

（64）Polygonum Sp.（259）生于黑河水滨，不甚多。

21. 樱草科 Primulaceae

（65）野老烟 Glaux maritimus I.（297）生白碱滩中，贫民以其干叶代烟草吸食之，故名。

22. 毛茛科 Ranunculiceae

（66）料子秧 Clematis Sp.（270）多生于酒泉、金塔、鼎新水滨，常附生毛柳之上，额旗南部亦有之，并常附生陶来树上。

（67）Ranunculus cymbaiaria parh.（281）生碱滩湖滨。

23. 蔷薇科 Rosaceae

（68）Potentilla anserina I.（232）酒泉以北及额旗均有。

24. 芸香科 Rutoceae

（69）骆驼蓬（臭蓬）Peganum harmata I.（214，288）额旗南部稀生，河西特多，宁夏甘肃间沙漠边缘均有之，味臭，驼羊等均不吃之。

25. 杨柳科 Salicaceae

（70）陶来（胡桐）Populus euphratica oliv（253）主生黑河两岸十里以内沙丘沙岭上，抗碱性强，驼食之，详见本章森林节。

26. 水麦冬科 Schenchzeriaceae

（71）羊胡子草 Triglochin maritimum I.（263）生白碱滩或碱泽水滨及水中，额旗南部及河西均有之。

27. 玄参科 Scrophulariaceae

（72）Euphrasia officinalis I.（243）

28. 茄科 Solanaceae

（73）黑子刺 Lycium ruthenicnm（278）为戈壁上四大植物之一，系高约半尺左右之小灌木，夏秋间结黑色果实，可充黑色染料，骆驼食之，为居延戈壁五大植物之一。

29. 柽柳科 Tamaricaceae

（74）红沙柳（枇杷稞）Holorachne，songarica，Chreub（276）为戈壁四大植物之一，青山头南最多，呈单纯社会，骆驼食之，亦可作燃料。

（75）红柳 Tamarix juniperina Bge（271）主生冲积土中及棕碱滩上，固定沙丘上亦有，为骆驼之主要优良牧草。谚云："蒙古人见了酒，骆驼见了柳"。雨后骆驼食饱后可胀死，必用陶来树上之碱灌之，始可解救，为额旗四大牧草之一。

30. 伞形花科 Umbelliferae

（76）（229）酒泉以北至额旗均有之。

31. 蒺藜科 Zygophyllaceae

（77）白刺（驼羊刺）Nitraria schoberi，I.（218，251）系具长枝条之灌木，固定沙之力颇强，全旗戈壁中均有之，着生处均固定数尺高之沙丘，为防沙林之优良树种，驼羊食之。

（78）骆驼蹄瓣 Zygophyllum fabogo（273）生轻棕碱土中，多近水滨，额旗南部略有生长，河西较多。

（79）霸马刺 Xanthoxylum maxim（250）主生戈壁上，全旗均有，驼羊均食之。

32. 不知科别者

（80）（209）分布嘉峪关外，骆驼好食之。

（81）（219）分布黑河中流，生于冲积土上，不甚多。

（82）黑菜（237）河西高台以上颇多，额旗甚少，为最优良之骆驼牧草。

（83）野麻（264）生棕碱滩中，呈单纯社会，高三至四尺，皮富纤维，可制绳索，额旗生长颇佳，至金鼎等县则生长瘦小，不宜应用矣。

（84）（285）水生植物，骤视之似水绵，仅于金塔西北之鳌海子中见之。

（85）牛毛草（226）河西至额旗均有，生于低湿之处。

（二）居延区水井概况表

地点	井深（公尺）	水深（公尺）	水质	水温（℃）	气温（℃）	备考
巴西格楞	三.〇	–	–	–	–	
西红统村（一）	一.五	二.五	清甜	八.〇	一八.〇	
西红统村（二）	二.五	〇.八	清甜	–	–	
天仓二分向村	一.六	一.七	清甜	八.五	二〇.〇	
沙夹道	一.〇	〇.六	略浊甜	一二.〇	二六.〇	
五什格	一.二	〇.四	浊苦	九.〇	一九.〇	
建国营	二.二	一.〇	清甜	–	–	
安道	二.〇	〇.七	清甜	九.〇	二四.〇	
伪防守司令部	二.四	一.六	清甜	九.五	二二.〇	
策克	一.五	一.四	略浊咸	六.二	二九.五	
巴音陶来	一.三	一.八	浊臭	七.五	二七.〇	
西盛隆	一.〇	〇.八	略浊咸	一〇.〇	二三.〇	
乌兰爱里根	三.〇	一.三	浊臭	九.〇	二一.〇	

资料来源：据沙玉清、陈之颛《河西居延新疆水利考察报告》第十五页。

说明：上表水温气温系一九四三年五月中旬记录，但未记明记录钟点时间。

（三）西北沙漠南移实例

1. 在甘肃河西可垦之水草田面积近渐缩小，而有许多村落被沙漠埋没于今河西北部，常见沙岭沙丘侵及村角，近年河西人口之他迁，沙漠南移，亦系一因。

2. 陕北长城南之榆林，就地名而言，知非沙漠之区，今则城外遍积黄沙。据云五十年前，尚无此景。

3. 察西右玉昔为晋绥孔道，清时为山西朔平府治，现划归察哈尔。近百年来沙漠之南移，致城东北为沙堆平，侵入城中，是城人口清时约十万，今不足五千户，沙漠南移确系主因。

4. 宁夏中卫城西即长城，今城北多处已掩入沙中，其西三十余里之沙坡头，有民房数间，已被沙侵一半。

以上二、三、四项见《中央日报》一九四五年六月二十四日副刊《沙漠南移可怕》一文。

5. 据前农林部专员赵代君云："察省宣化城西郊二十年前多古柳，称万柳亭，南口战（冯张之战）后，柳林摧毁，流沙内侵，渐积城下，今沙高及城。"

6. 敦煌县郭永录君于一九四五年九月在酒泉告著者："敦煌城围近数十年沙漠面积日增，农田面积日缩。"

（四）苏武牧羊北海考

汉苏武牧羊之北海，传说有三：一说在今甘肃民勤县北境，现民勤城外有苏武庙，以纪念其牧羊之所；一说北海即居延海；一说北海即今西伯利亚南境之贝加尔湖。据著者考正以后说为确，兹略述之。

《汉书·李广、苏建传》云："天汉元年，且鞮侯单于初立，恐汉袭之，乃曰：'汉天子我丈人行也。'尽归汉使路充国等，武帝嘉其义，乃遣武以中郎将使持节送匈奴使留在汉者。"是苏武使匈奴之故。

同书又云："律知武终不可胁，白单于，单于益欲降之，乃幽武置大窖中，绝不饮食，天雨雪，武卧啮雪与旃毛并咽之，数日不死，匈奴以为神，乃徙武北海上无人处，使牧羝，羝乳乃得归……"是苏武被送北海牧羊之故。

匈奴本欲与汉修睦邦交，经此一变，邦交又破。次年武帝乃派李陵征匈奴，据《汉书·李广、苏建》传曰：

"陵字少卿为侍中……武帝以为有广之风，使将八百骑深入匈奴二千余里，过居延视地情不见虏还……"

"……陵于是将五千人出居延，北行三十余日，至浚稽山止营，举图所过山川地形……陵至浚稽山与单于相直……"

由此可知苏武牧羊北海之时，居延海已在汉朝势力之内，由"深入匈奴二千余里过居延"及"出居延北行三十余日"之言，可知当时虽酒泉郡北不远即为匈奴地，实则匈奴实力已远退居延北千余里矣（以每日行四十里计），当时匈奴王廷可能在库伦一带，因知北海必在库伦以北，绝非居延海矣，而民勤靠近武威，尚在酒泉东七百余里，更非苏武牧羊之所也。

《汉书》复云：初武与陵俱为侍中，武使匈奴明年李陵降，不敢求武，久之单于使陵至北海上为武置酒设乐，因谓武曰……后陵复至北海上语武……由此可知北海距王廷必不太远，否则李陵不易数见苏武，而亦不至太近，若为一二日之程，武与陵本系故旧密友，同沦匈奴，陵必常往会武，何止十九年，只会数次也。因知北海可能在库伦北三四百里以外处，而贝加尔湖又名贝海或白海，适在库伦北五百里，“贝”及“白”与“北”音均极相似，库伦北数百里处又无他湖泽，故知北海即贝加尔湖也。

（五）中秋夜行戈壁滩并序

[序]一九四五年，余赴西北考察，途次居延海上，适届中秋，塞外风霜，千里草合，皓月之下，跨驼长征，或穿森林草原，或越沙漠戈壁，黑水淼淼，鹅雁翩翩，触景生情，倍增游子家国之感，瞭望塞北，平广无垠，极尽雄伟壮阔之势，有吞沙漠，平山岳，催骆北上之志，一时感慨万端，乃仰天高歌，成《中秋夜行戈壁滩》一首，聊泄胸中之积郁尔。

天漠漠兮地接天，戈壁风劲沙飞旋。居延海上少人行，相随惟有月娟娟。沙应月兮月应沙，沙月相应浩无边。揽辔回顾百感增，塞外风箱中秋天。

遥想今宵开家宴，月饼美酒迭相荐。骨肉围坐乐融融，人月团圆同堪羡。沙漠舟上夜气寒，黑水奔流如激箭。鸿雁嗷嗷急归程，天鹅翩翩白云间。芨芨芦草入望迷，红柳胡杨阔无边。沙山高耸势崔嵬，戈壁砾冷若冰钻。归程屈指万里遥，白发倚闾盼应倦。知否天涯游子身，今夕正寄青山甸。

青山头上风萧萧，番装跨驼腰悬刀。风呼水吼惊牧群，一日数过蒙古包。奶子皮，奶子酒，奶茶藏粑调酥酪。手抓羊肉风味足，主人多情无虚矫。举杯笑饮佐高歌，肴核未尽人先醉、腥膻染指脂染袍。醉饱仍复上征驼，扬鞭迳行不谢扰。似此风义良足多，身不躬亲熟能晓。愿留姓字黑水头，验取他年雪泥之鸿爪。

（六）蒙古歌

1. 蒙古军歌

可汗如太阳，高高坐东方。威德之所被，煜为天下光。部属如草木，小丑为冰霜。草木日以长，冰霜日消亡。太阳有出没，可汗寿无疆。

惟我大可汗，手握旌与旗，下不见江海，上不见云霓，天亦无修罗，地亦无灵祇，上天与下地，俯伏肃以齐，何物蠢小丑，而敢当马蹄。

狮子夜吞月，可汗朝点兵，兵符一以下，千里不留行，壮士得兵符，中夜起秣马，马秣望天明，长啸大旗下。

美人送壮士，手把黄金卮，朔风栗以烈，凛凛倾城姿，美人语壮士，此去无濡迟，生当立功名，死当随鼓旗，无为作降虏，令我无容仪，壮士拊手笑，何用多言为，我有七宝刀，砺志与相期，怅望日以久，而今乃得之，跃马一扬鞭，去去不复辞，白马溅赤血，少女施胭脂，壮士赴战场，还以新婚时。

马首入刀林，死士吞生人，马首尘埃舞，生人驱死士，嗟彼土室人，智短神亦昏，上天天无梯，入地地无门，我命如猎犬，尔命如狐兔，兔去不及林，狐去不及墓，战场风烈烈，灭裂风凄凄，嗟彼土室人，勇士儿女啼。

2. 塞外歌谣

塞外寒，塞外寒，塞外少木无庄田，尽旷野皆草原，牛羊驼马任流连。

土地广少人烟，居处无一定，随意可移迁，饥则牛羊肉，渴则乳来餐，无横征，与暴敛，熙熙皞皞乐天年。

3. 草青羊跃

草青青，羊跃跃，我哥骑骏马，与我送草料。迎风饮牛酪，相对举杯笑。

羊跃跃，草青青，我哥挎猎枪，善打狐与羚。赴市换钱来，奉养我双亲。

青青草，跃跃羊，我家有牧地，恰在山之阳。长河水莹莹，碧草迎风长。

跃跃羊，青青草，我父每朝起，命我起及早。未雨理帐幕，预防风怒号。

4. 蒙古歌四首

风景：敕勒川，阴山下，天似穹庐，笼罩四野。

天苍苍，地茫茫，风吹草低见牛羊。

饮食：饮酪浆，食牛乳，砍伐荆棘，把肉来煮。

男熙熙，女攘攘，宛如世外乌托邦。

喇嘛：奉神佛，皈黄经，性本仁慈，欲渡众生。

尘不染，物不侵，一心超世把天登。

游戏：骑大马，策长鞭，如飞如纵，驰骤山川。

猎野兽，奔山巅，嗖嗖射出刁翎箭。